民事程序与裁判理论研究丛书

张卫平 主编

司法权威：认同与制度建构
——从我国民事诉讼制度的角度

董疆 著

厦门大学出版社 国家一级出版社
XIAMEN UNIVERSITY PRESS 全国百佳图书出版单位

民事程序与裁判理论研究丛书

丛书总序

　　如同中国的经济建设一样,法学的研究也推进得很快,民事诉讼法的研究亦是如此,每年均有大量关于民事诉讼的论文和著作发表和出版,可以说呈现出一派欣欣向荣的景象。但也正像经济建设一样,人们普遍存在一种浮躁的心态,在学术研究方面也存在仅仅追求量的增长和面的拓展的问题,轻浮、简单重复之作屡见,学术研究还缺乏大量有深度的作品,此种现象不仅为民事诉讼法学领域所独有,整个法学乃至中国其他学术领域也都是如此。这也不足为怪,因为中国大陆的法学研究才刚刚起步,面对法治建构的宏大目标,与完善法治的巨大差距,人们自然容易产生急躁的心态。学术研究的急功近利、"短平快"就是这种心态的体现。随着中国法治向纵深发展,我们需要对法治实践的理论问题予以更为长期、冷静、深沉和细致的思考,为法治的理论与实践提供高端的"产品",拒绝和减少无"技术"含量、无创新度的低层次产品。另一方面,近年来,随着学术积累的不断增加、法学教育和法学研究的逐渐规范化、司法实践活动的日益丰富,也为这种高层次学术研究提供了良好的环境,为高端研究成果的产出提供了可能。现在展现在人们眼前的这套丛书"民事程序与裁判理论研究丛书"就证明了这一点。这套丛书以活跃在民事诉讼法学教育舞台的青年教师为主体,作者均有其民事诉讼专业博士生的教育背景,其中多数人已有多年丰富的教学经验,理论功底扎实,具有较高的学术研究素质。本丛书的大多数著作都是以作者的博士研究生论文为基础,并经过反复修改加工而成,是作者多年学习研究的结晶。本丛书所研究的问题均系民事诉讼理论中的重大问题——民事判决既判力客观范围、第三人制度、争点效、审判权行使的范围、确认之诉、要件事实等等,反映了国内外理论界对该问题的最新研究动向和前沿,成就了该问题研究的最新成果,因而值得学界和实务界关注。本丛书的出版,集体展示了近年来在民事诉讼法学领域中深度研究的成果,进一步提升了民事诉讼法研究的水平,也必然推动民事诉讼法研究向纵深发展,更加繁荣民事诉讼法的研究。

本丛书的出版得到厦门大学出版社的大力支持,在此深表谢意。

张卫平
2006 年 6 月
于北京清华大学明理楼

目 录

第一章 司法权威的理念表达 …………………………………… 1
  一、司法权威定义的诠释 ……………………………………… 1
    (一)权威 …………………………………………………… 1
    (二)司法与司法权 ………………………………………… 3
    (三)司法权威的内涵 ……………………………………… 4
  二、司法权威的构成要素 ……………………………………… 5
    (一)法律 …………………………………………………… 5
    (二)司法权 ………………………………………………… 5
    (三)司法主体 ……………………………………………… 6
    (四)司法价值观念认同 …………………………………… 6
  三、司法权威的基本特征及表现 ……………………………… 7
    (一)基本特征:强制或自愿 ……………………………… 7
    (二)表现:裁判的终极性、公正性与服从性 …………… 8
  四、司法权威的模式及其评价标准 …………………………… 12
    (一)司法权威的模式分类 ………………………………… 12
    (二)他律型司法权威模式的评价标准 …………………… 17
    (三)自觉型司法权威模式的评价标准 …………………… 18
  五、司法权威的价值功能 ……………………………………… 20
    (一)对人权的保障 ………………………………………… 20
    (二)对社会秩序的调控 …………………………………… 21
    (三)对其他权力的制约 …………………………………… 22

（四）对法治秩序的建构 …… 23
　六、司法权威树立的心理过程和机制 …… 24
　　（一）心理学理论对服从行为产生的分析 …… 24
　　（二）司法权威树立的心理过程及其机制 …… 26
　　（三）司法权威树立的心理过程和机制对于树立司法权威
　　　　 的启示和要求 …… 31

第二章　西方法治语境下的司法权威及其生成路径 …… 34
　一、西方法治语境下的司法权威 …… 34
　　（一）西方法治国家司法权威的现状 …… 34
　　（二）西方法治国家的司法价值观 …… 37
　　（三）西方法治国家司法权威的模式类型：判定标准与结论 …… 39
　二、西方国家司法权威生成的制度基础 …… 40
　　（一）外部制度基础：三权分立与制衡 …… 40
　　（二）内部制度基础：司法主体独立与裁判权威 …… 47
　三、西方国家司法权威生成的程序机制基础 …… 52
　　（一）程序正义 …… 52
　　（二）程序理性 …… 55
　　（三）程序主体平等 …… 58
　　（四）程序公开 …… 61
　　（五）程序制约 …… 63
　　（六）程序及时 …… 65
　四、本章小结 …… 68

第三章　我国法治语境下的司法权威及其生成路径 …… 70
　一、我国法治社会下的司法权威 …… 71
　　（一）我国司法权威的现状 …… 71
　　（二）我国当前社会的司法价值观 …… 73
　　（三）我国司法权威的模式类型：判定标准与结论 …… 73
　二、我国司法权威生成的外部制度基础 …… 76
　　（一）司法权与人大监督权 …… 76

（二）司法权与行政权 …… 77
　　（三）司法权与检察监督权 …… 79
　　（四）司法权与执政党领导权 …… 81
　三、我国司法权威生成的内部制度基础 …… 83
　　（一）法官和法院相对独立 …… 83
　　（二）司法裁判终极性逐步改善 …… 84
　　（三）司法裁判执行力保障逐步完善 …… 85
　四、本章小结 …… 86

第四章　我国司法权威程序性保障的弊病 …… 87
　一、缺乏对人性尊严的足够关怀 …… 87
　　（一）当事人程序主导权的保障不彻底 …… 88
　　（二）程序违法行为规制不完善 …… 91
　二、公开原则在一些程序中未被贯彻 …… 92
　　（一）审判委员会问题仍未解决 …… 93
　　（二）公开审判制度仍不健全 …… 94
　三、主体平等原则在一些程序中落空 …… 96
　　（一）当事人诉讼权利平等原则的立法缺陷 …… 97
　　（二）空缺的诉权滥用处罚措施造成诉讼权利保障的不平等 …… 98
　　（三）司法政策的影响导致诉讼权利实质上的不平等 …… 99
　四、程序制约原则在一些场域中作用有限 …… 101
　　（一）司法程序对法官自由裁量权的制约不够客观化 …… 102
　　（二）司法程序对其他公共权力的制约显得无力 …… 103
　　（三）司法程序中权利对权力的制约机制不够完善 …… 104
　五、程序及时性原则要求未予满足 …… 105
　　（一）司法程序繁简不合理 …… 106
　　（二）诉讼期间执行不严格 …… 106
　　（三）案件管理不高效 …… 107
　六、本章小结 …… 107

第五章　我国司法权威的目标及实现……109
一、我国司法权威的目标……109
（一）国体和政体与目标的设定……110
（二）执政党的领导与目标的设定……110
（三）社会和经济发展与目标的设定……111
（四）法治发展规律与目标的设定……112
（五）结论：目标为自觉型司法权威……113
二、我国司法权威目标实现的理念保障……113
（一）司法权威主体权利保障观念的树立……114
（二）司法权威受体的认同……118
三、我国司法权威目标实现的体制保障……119
（一）建立符合中国国情的司法独立制度……119
（二）党的领导的规范……125
（三）人大监督权的规范……127
（四）行政权与司法权关系的规范……129
（五）检察监督权的规范……131
四、我国司法权威目标实现的制度保障……133
（一）司法权威的内外部监督制度……133
（二）司法裁判公信力的保障……139
（三）司法裁判终极性的保障……143
（四）司法裁判执行力的保障……147
五、本章小结……155

参考文献……156

第一章

司法权威的理念表达

一、司法权威定义的诠释

(一) 权威

"权威"一词在中文词汇和西方词汇里有着不同的界定。《现代汉语词典》里"权威"有两个意义:"一个是指使人信服的力量和威望;另一个是指在某种范围里最有威望、地位的人或事物。"① 而在西方词汇里,权威——"authority"有五种含义:(1)权力、权威;(2)职权、权限;(3)有权力发号施令的人或团体、当局、官方;(4)指具有专门知识的人;(5)指可提供可靠资料或证据的书籍等。②

权威是人类社会生活中不可缺少的,恩格斯认为权威是指把自己的意志强加给别人,权威以服从为前提。③ 詹姆斯·科尔曼则认为:"如果行动者甲有权控制乙的某些行动,则行动者甲和乙之间存在着权威关

---

① 《现代汉语词典》(修订本),商务印书馆1999年版,第1048页。
② 《牛津高阶英语双解词典》,商务印书馆1997年版,第81页。
③ 《马克思恩格斯选集》(第2卷),人民出版社1972年版,第551页。

系。"①托克维尔认为,权威是秩序的最大保护者。② 林德布洛姆则指出:"因为与说服和交换不同,权威是这样一种控制方法,它常常以极简单的方式运作。有时候甚至一个字也不需要;在权威关系中,一个被驯服的人懂得,需要他干什么,不需要他干什么。"③

人们为什么会心甘情愿地服从权威的控制?

首先,社会生活需要权威。马克思认为权威的存在是以在生产和劳动过程的内在必然性为基础的,"一切规模较大的直接社会劳动或共同劳动,都或多或少地需要指挥,以协调个人之间的活动"。④ 人们之所以服从权威是"因为他们笃信,某个人最了解怎么样——比如说,某人最了解何时根据季节播种"。⑤

其次,权威有其合法性来源。合法性是指采取特定权威行动并使其能够被他们服从的根源。合法性存在于行为者的共识之中,这些行为者或者是全体居民,或者是他们中的一部分,无论属于那种情况,这些人均与权威的持续行使密切相关。

再次,感到自己在能力和威信上的巨大差距,从而对它产生崇拜与信任。⑥ "(权威建立在)非凡的献身于一个人以及由他所默示和创立的制度的神圣性,或者英雄气概,或者楷模样板之上。"⑦

最后,人们在长期的群体生活中所产生的对群体的依赖性,使人们感到只有把自己的命运、希望、要求寄托给权威,才能得到心理上的安全感

---

① [美]詹姆斯·科尔曼著,邓方译:《社会理论的基础》(上册),社会科学文献出版社 1999 年版,第 80 页。
② [法]托克维尔著,董果良译:《论美国的民主(上卷)》,商务印书馆 1991 年版,第 305 页。
③ [美]查尔斯·林德布洛姆著,王逸舟译:《政治与市场:世界的政治——经济制度》,上海三联书店、上海人民出版社 1995 年版,第 21~22 页。
④ 《马克思恩格斯选集》(第 2 卷),人民出版社 1972 年版,第 551 页。
⑤ 林德布洛姆著,王逸舟译:《政治与市场:世界的政治——经济制度》,上海三联书店、上海人民出版社 1995 年版,第 20 页。
⑥ 贺日开:《司法权威与司法体制改革》,南京师范大学出版社 2007 年版,第 15 页。
⑦ [德]马克斯·韦伯著,林荣远译:《经济与社会》(上卷),商务印书馆 2006 年版,第 241 页。

和满足感。①

(二) 司法与司法权

什么是司法？这是一个在古希腊亚里士多德时期就讨论过的问题。现代法治背景下对司法概念的认识是一个新的问题。

关于司法的内涵，大致有以下几种观点：(1) 司法是适用法律处理诉讼或非讼案件的活动。"司法是多样的，不为法官或法院所独有，也不单是国家的职能，实际上，一些非法院的国家机关，甚至某些非国家的社会组织也有一定的司法性质和作用。"②(2) 司法是一个以审判为核心的开放性的体系。"在现代意义上，司法是指包括基本功能与法院相同的仲裁、调解、行政裁判、司法审查等解决纠纷机制在内，以法院为核心，以解决纠纷为基本功能的一种法律活动，而这种活动与社会结构的其他部分存在着互动作用。"③(3) 司法是指法院的审判和检察院的检察活动。司法是"通过民事、刑事等诉讼案件法律上的裁判，保障或监督国家法律实施的活动"。④ (4) 司法是指法院的裁判活动，"简而言之，司法就是裁判。"⑤司法是"与制定抽象法规的立法相对而言，通过审判表现出来的国家作用"。⑥

第一种观点将司法概念的外延无限扩大，失去了概念应有的规定性；第二、三种观点混淆了司法权与裁判权和监督权的界限。第四种观点是可取的，司法的主体仅限于法院，司法就是法院的裁判活动。一些重要的国际条约、国际公约和联合国文件中对司法的表述也是这样的，例如：联合国大会通过的《关于司法机关独立的基本原则》的第 2 条规定："司法机关应不偏不倚、以事实为依据并依照法律规定来裁判其所受理的案件……"第 3 条规定："司法机关应对所有司法性质问题享有管辖权，并拥

---

① 李景鹏：《权力政治学》，黑龙江教育出版社 1995 年版，第 101 页。
② 于慈珂：《司法机关与司法机关组织法论纲》，载《现代法学》1993 年第 2 期。
③ 杨一平：《司法正义论》，法律出版社 1999 年版，第 23～24 页。
④ 王利明：《司法改革研究》，法律出版社 2000 年版，第 4 页。
⑤ 孙笑侠：《程序的法理》，商务印书馆 2005 年版，第 22 页。
⑥ 董璠舆：《日本司法制度》，中国检察出版社 1992 年版，第 9 页。

有绝对权威就某一提交其裁判的问题按照法律规定是否属于其权力范围作出决定。"在该原则第 10 条至第 20 条关于"资格、甄选和培训""服务条件和任期""职业保密和豁免""纪律处分、停职和撤职"这四节中,所指的任司法职位的人就是法官。

本书认为司法的内涵应当界定为:司法是指法院依据法定程序裁判各种民事、刑事和行政纠纷的活动。何谓司法权呢?司法权与司法密切相关,对司法的界定不同就会得出不同的司法权内涵。本出认为:司法权,即法院的裁判权。因此,本书论证的司法权威也就是人民法院的裁判权威。虽然真正意义上的司法权源于"权力分立"的学说,并成熟于"三权分立"学说,但是这不涉及阶级性和国家性,应当是全人类的共同财富。

(三)司法权威的内涵

司法权与司法权威是两个既有区别又有联系的概念。司法权是国家权力的一种形态,司法权威是社会主体的主观价值判断。司法权以国家强制力为保障,司法权威则是社会主体对司法权公正运行的内心认可。司法权是司法权威的前提和基础,没有司法权自然就没有司法权威,没有司法权威的司法权就会演变为强权。

那么何谓"司法权威"呢?学界对此至今没有一个完整和统一的定论。英国学者迪塞认为,法律权威需要通过法院的裁判体现出来,因此可以讲,司法权威就是法律权威的体现。① 我国学者王利明教授认为,"司法权威又称司法尊严(judicial dignity)是指司法机关应当享有的威信和公信力。威是指尊严,使人敬畏;信是指民众的信赖和认同。"② 澳大利亚法官马丁则从反面来阐明什么是司法权威,他指出:"在一个秩序良好的社会中,司法部门应得到人民的信任和支持,从这个意义出发,公信力的丧失就意味着司法权的丧失。"③

---

① 罗杰·科特维尔著,潘大松等译:《法律社会学导论》,华夏出版社 1989 年版,第 84 页。
② 王利明:《司法改革研究》,法律出版社 2000 年版,第 132 页。
③ 王利明:《司法改革研究》,法律出版社 2000 年版,第 132 页。

本书认为：司法权威是指司法主体依据法律作出理性裁判，以国家强制力为后盾，以合理的程序架构与规范保障的裁判机制为支撑，有效运作司法权使其发挥应有的说服作用与裁判效果，信服于民，从而享有的威信和公信力。

二、司法权威的构成要素

(一)法律

权威需要对法律的重视。[①] 权威是被信仰、被认可、被服从的，而这种力量的本源来自于权力本身的权威性，而权力的权威性需要法律来体现和保障。立法机关制定法律是立法权权威性的体现，而司法机关的司法运行活动是司法权权威性的体现。司法权的运行以法律的存在为前提。司法权的至高无上，是因为法律的至高无上。

从法律运行的层面看，司法权威是法律权威的体现和延伸。司法机关审判的依据须是被认可的法律，只有这样司法程序和裁判结果才能被社会所接受和服从，同时因为法律在这一过程中被适用，从而法律也就实现了它的价值和权威。法律被信仰、被遵守、被服从的权威性来源于法律将大多数人认可的社会价值观法定化、制度化，保护和实现了大多数人的权利。在法治社会中，尤其强调司法权严格遵守法律并体现社会的价值观，对于非法律的价值观司法权没有义务服从，反而需要与之进行制衡，只有这样司法才具备其权威性。

(二)司法权

司法权威是司法权行使的权威，没有司法权则司法权威就无从谈起。

[①] 需要说明的是，权威需要对法律的重视主要立足于现代法治型社会的要求。

真正意义上的司法权来源于"权力分立"学说。按照孟德斯鸠的"三权分立"学说，司法权是三权之一，并由司法机关行使。而对于何谓司法权，目前理论界还没有一个定论，属于"公说公有理，婆说婆有理"的话题。按照我国宪法的规定，人民法院是国家审判机关，人民检察院是国家的法律监督机关，而对于司法机关的界定，理论界的认识也不一致，本书只将法院视为司法机关，将司法权界定为法院的裁判权。这点已在前面有过表述。

(三) 司法主体

理性而权威的法律自身并不能自动地适用于具体的社会关系之中，法律的权威只有通过法官和法院的法律适用活动才能得以实施和适用。法院的作用，一方面体现在居中裁判、定分止争，另一方面体现在通过行使司法权来对立法权和行政权予以制衡，主要方式为司法审查和行政诉讼。而法院的这两种功能必须通过法官们对案件进行事实判断后，运用法律进行推理，最后作出公正的裁判才可得以实现。如拉德布鲁赫所说："法官是法律效力由实然到应然的桥梁和中介。……法官是法律由精神王国进入现实王国控制社会关系的大门。法律借助于法官而降临尘世。"[①]可见，法官和法院的权威是司法权威的实现途径和重要保障。

(四) 司法价值观念认同

司法权威需要对司法价值观重视。司法价值观是价值观的一种，它具有价值观共同的组成要素，它的特殊性在于它与对司法权的认识、对司法活动的认识以及对司法权与其他国家权力之间关系的认识等相联系。司法究竟应该有什么样的价值观诉求，只有当司法权的行使者与服从者就这个问题达成共识的时候，司法权才能成为一种具有公信力的权力。

当今社会的价值观是多元的，而只有那些与时代背景相吻合的司法价值观才具有权威性。而与时代背景相吻合的司法价值观往往是那些与

---

① [德]古斯塔夫·拉德布鲁赫著，米健、朱林译：《法学导论》，中国大百科全书出版社1997年版，第135页。

当时人们普遍认同的价值观相一致的司法价值观,这样的司法价值观就成为了当时人们评价司法是否具有权威的一种标准。例如,当一个社会中的阶级对立性很强的时候,司法的阶级专政的功能就会成为主流,在这样的社会背景下,司法保障权利的功能即使很弱或者被忽视,但只要它充分发挥了维持社会秩序和维护阶级政权的作用,就会被人们所认同,从而具有了权威性。[①] 与之相对应,当一个社会随着经济发展、人们的关系结构发生变化以及权利意识逐渐增长,司法的保障权利的功能就会逐渐压过阶级专政的功能,成为司法的主要功能,这样背景下的司法会被人们所认同和接受,从而才具有权威性。人们正是基于这样的价值判断来审视司法权的运作,来衡量司法是否权威。

三、司法权威的基本特征及表现

(一)基本特征:强制或自愿

无论司法权威以何种形式体现,它总是以强制性的控制出现,它也就是说,它可以通过威慑的方式迫使权威受体服从自己的意志,一旦出现违背司法权威主体意志的行为,那么司法权威受体的权益就有可能被剥夺。这种强制性源于司法权威与政治的结合,呈现出自上而下的授予,通过司法权威主体占有社会资源(如土地、机会、信息等)向司法权威受体施加影响从而形成控制。在这样一种司法权威关系中,体现出的是一种管理与被管理、征服与被征服的不平等关系。除了通过威慑的方式实现司法权威,同时司法权威受体的认同和自愿服从也是司法权威性的体现。

因此,司法权威最基本的特征就在于它是一个强制性服从和自愿性服从的复合体,体现了外在强制力与民众的内在认同在司法权威树立过

---

① 孙发:《司法权威研究》,吉林大学 2004 年博士学位论文,第 47 页。

程中的交互作用和交融共存。从这个意义上讲,对司法的服从就包含了两个基本属性:一是强制性服从,亦即司法权威的产生直接在于司法是由国家强制力保证实施,违反司法的强制性就会招致司法的制裁;二是自愿性服从,亦即司法权威的产生归因于人们对司法的产生、运行及结果等发自内心的认同、尊重和服从。尤其是当合法的司法活动给司法权威受体带来不利后果的时候,他也能认识到这是维护司法权威和实现法治应当付出的代价。当然,司法权威受体可以依法对合法的司法活动不予认同,也可以依法表达抗议,例如对裁判不服而依法提出上诉,但是应该宽容这种对合法司法活动的抗议。在一定的程度和意义上依法对某些司法行为表示抗议同样也是维护司法权威的重要形式,同时也有利于个体参与公共生活和处理事务能力的培养和提高,这进而为司法权威的树立提供了良好且坚实的基础。

(二)表现:裁判的终极性、公正性与服从性

1.司法裁判的终极性

纠纷与人类社会如影随形,其根源在于客观上存在着人类的自私本性与有限社会资源之间的不可调和的矛盾。这种矛盾的客观存在决定着社会中的各类纷争、争议和冲突会一直存在,只是它们的形态、数量和冲突的程度会随着社会的变迁而不断地发生着变化。有纷争和冲突,就有解决纷争和冲突的方式和方法。当人类社会进入国家形态之后,纠纷的解决成为了国家的一项职责,在解决纠纷的众多机制中,掌握国家司法权的机构所作出的裁判具有最终的效力,终极性的司法裁判成为司法权威的主要标志。司法裁判的终极性源于古老的"一事不再理原则"。而这一原则也成为了法治国家所遵循和信仰的一条基本性原则。司法的终极性与司法权威之间存在着紧密的联系,正如美国联邦上诉法官爱德华兹所说:"首先也是最重要的一点是,司法制度的最重要宗旨之一是解决矛盾。如果一个解决方案可以没有时间限制并可以不同理由反复上诉和修改,那就阻碍了矛盾的解决。如果败诉方相信他们可以在另一个地方或另一级法院再次提起诉讼,他们就永远不会服从法院的判决,并顽固地拒绝执行对其不利的判决。无休止的诉讼反映了,同时更刺激了对法院决定的

不尊重,从而严重削弱了法院体系的效率。"①联合国《关于司法机关独立的基本原则》第 4 条对司法终极性与司法权威的关系也作出了规定,指出司法程序不应当受到任何无根据的或不适当的来自司法之外的干涉,如果法院作出的裁判的终极性得不到保证,而是经常地被加以修改,那么社会就会丧失对司法的信仰和信赖,从而司法也就丧失了其权威性的基础和理由。而司法判决的终极性是指当纷争转化为诉讼后,法院对其管辖的所有司法性质的争议享有最终裁判权,司法裁判一经作出,即具有确定力、拘束力和执行力,而这种终极性指向的对象包括当事人、当事人之外的人以及司法机关等国家机关,除非因存在重大的司法程序与证据方面的瑕疵而启动特殊纠错程序外,终极的裁判必须得到执行。②

司法裁判的终极性主要表现在以下两个方面:

(1)既判力。判决实质上的确定力即既判力,是指法院作出的终局性判决一旦生效,当事人和法院都应当受该判决内容的拘束,当事人不得在以后的诉讼中主张与该判决相反的内容,法院也不得在以后的诉讼中作出与该判决冲突的判断。③ 既判力对当事人和法院都有拘束力,当事人对于既判案件不能再提起诉讼是程序中"禁止反复"和"一事不再理"原则的体现;法院后诉的判决不能与前诉的判决相冲突,则是既判力的"禁止矛盾"原则的体现。除此之外,其他任何国家机关和个人也是既判力指向的对象,司法裁判的终局性权威必须得到尊重。

(2)执行力。判决的执行力,是指判决生效后,在义务人没有履行义务时,权利人可以向法院申请强制执行,法院依法强制义务人履行其义务的作用。④ 判决的执行力主要在于启动法院的强制执行,只有具有给付内容的判决才有执行力。法院终局的裁判生效后,义务人应该自动履行裁判所确定的义务,从而实现权利人的权利。当义务人不自动履行终局

---

① 宋冰:《程序、正义与现代化——外国法学家在华演讲录》,中国政法大学出版社 1998 年版,第 3 页。
② 孙长春:《司法权威的制度建构——以我国法院审判为视角》,吉林大学 2007 年博士学位论文,第 21 页。
③ 张卫平:《民事诉讼法学》,法律出版社 2010 年第 3 版,第 121 页。
④ 张卫平:《民事诉讼:关键词展开》,中国人民大学出版社 2005 年版,第 332 页。

裁判所确定的义务时,他的这种行为显然是对司法权威的挑战和蔑视,而司法权威是不容受到挑战和蔑视的,因此义务人的这种行为就会招致国家强制力的制裁,即终极裁判的强制执行。司法裁判的有效执行是司法权威树立的直接表现,司法裁判的执行率越高则司法权威功能实现的程度就越高,司法权威功能实现的程度越高,越能得到人们的信任和认可,而人们的信任和认可又是司法权威得以树立的根本,反之则亦然。

司法裁判的终极性着重的是程序的稳定和安定,不可否认这种价值诉求会以牺牲个案正义为代价。因为,生效的裁判也可能存在错误,存在损害利害关系人权益的现象。如何看待这个问题呢?美国联邦大法官杰克逊认为,"我们是终审并非因为我们不犯错误,我们不犯错误仅仅因为我们是终审"。[1] 换句话说,就是我们无法制定出"万能"的法律,法官是人不是神,他作出的裁判受到主客观各种因素的制约,因而不可能保证一定是公正的,因此,应该允许个别错案的存在。片面追求"真理"和绝对的公正是没有必要的也是不可能的。作为整体的司法裁判,它的终局性还是应当受到遵守的。"人们可以作出通过上诉或更高权威而纠正它的裁判的规定,但这必须终止于一个最后的权威性裁判。尽管它是有可能会出错的人所作出的并将伴随着诚实的错误、滥用权力或违反使用规则的义务等同类风险。要以规则来作出纠正每一个违反规则的行为的规定是不可能的。"[2]

2.司法裁判的公正性

首先,公正是司法的生命线和灵魂。司法是社会正义的最后保障,司法公正是社会正义的必要组成部分,司法不公正就是社会不正义、国家不正义的表现之一。司法公正是现代司法理念应有的主体和永恒的追求。司法裁判的公正性是司法公正最集中、最直观的体现。所谓司法裁判的公正性,是指裁判案件的法官要保持中立,刚正不阿,对当事人不偏不倚地适用法律,使作出的裁判最大限度地体现和实现正义。其次,法官是实现裁判公正性的实施者。法官的职责不仅仅是"谨守法律","法官的品行

---

[1] 苏力:《送法下乡》,中国政法大学出版社2001年版,第161页。
[2] [英]哈特著,张文显等译:《法律的概念》,中国大百科全书出版社1996年版,第141~142页。

应该是不惜一切代价,甚至包括牺牲生命,以正义为本"、"理想的法官就是公正的化身"、"缺乏公正的法官就根本不是法官"。① 再次,司法裁判的公正性是法律公正的直观表现。正如培根所言,"一次不公正的(司法)判断比多次不平的举动为祸尤烈。因为这些不平的举动不过弄脏了水流,而不公的判断则把水源败坏了"。② 司法裁判是否公正,将直观地影响到社会大众对法律公正的认识,因为,就社会公众而言,他们对法律公正最直观的认识是来源于对司法公正性的感受。法律公正要通过司法裁判的公正来展现。最后,通过司法裁判落实司法公正的司法权威才是真正的、完整意义上的权威。司法权威的树立不是空洞的,而是要通过具体的公正的裁判来实现、来积累,每一个公正的裁判,都在重复和强化着司法权威。相反,如果法官的裁判不能体现公平正义,社会民众就会认为"任何人都可以在法律之外自行其是",就会逐渐丧失对司法机关的信任和对法律的信仰,司法权威的建构就会大受影响。

3. 司法裁判的服从性

司法裁判由司法机关作出,司法机关是法定的行使国家司法权的机构,而司法权是国家权力的一种,它以国家强制力为保障,这一点与立法权、行政权没有区别。与行政权的强制性不同,司法权不会直接地表现出其强制性的一面,因为,当法律的规定内化为社会主体的自觉行为和生活内容的时候,当司法的权威观念成为每一个人的常识和习惯的时候,当社会道德与法律权威理念相契合的时候,司法权没有必要也没有机会表现它的强制性。然而,司法权毕竟是一种由国家强制力保证实施的权力,它具有自己的权威性,当社会主体不自觉履行司法裁判时,这种强制力就会表现出来,表现为通过相关的司法程序强制实现司法裁判,例如强制执行程序。黑格尔的以下论述也说明了这一点:"判决使被品定了的事件归属于法律下,所以从这方面说,判决一经宣告,当事人自我意识的权利就得到了维护……再拿法律的适用来说,法律程序是公开的。但是拿对事件

---

① [美]约翰·T. 小努南著:《法官的教育、才智和品质》,载《法学译丛》1989 年第 2 期。
② [英]弗·培根著,水天同译:《培根论说文集》,商务印书馆 1983 年版,第 193 页。

特殊的、主观的和外在的内容所作出的判决来说，当事人自我意识的权利是在对裁判者的主观性的信任中获得满足的。这种信任主要是根据于，在他们的特殊性上，即在他俩的等级和其他方面，当事人同裁判者是类似的。"①

但是，需要注意的是司法权威的服从性来源于司法裁判的公正性，公平、公正的裁判才会让人民从内心予以认可并进而予以服从，这是司法权威的价值合理性基础。②

四、司法权威的模式及其评价标准

(一) 司法权威的模式分类

要对一个事物进行全面而深刻的认识和把握，对其进行类型化的分析和研究被证明是一种有效的研究方法。这种方法同样适用于对司法权威的理解和研究。通过司法权威类型化的分析和研究有利于我们透过司法权威现象更加深刻地认识其本质以及了解制约司法权威形成和发展的各种因素，从而可以有的放矢地采取对策，保障司法权威功能的发挥，同时人们也可以更加清晰地认识到司法权威存在的意义，从而有意识地去尊重和维护司法权威。司法权威本身是一个抽象的概念，它是由一个个具体的客观司法权威现象来体现的，而对这些客观现象的认识会因为研究者的研究方法、角度、立场和目的等的不同而得出不同的认识结果。但是，无论怎样，这些不同的认识都是对司法权威客观规律的总结，对于人类科学地认识司法权威具有积极的意义。司法权威是权威的一种形态，

---

① [德]黑格尔著，范扬、张启泰译：《法哲学原理》，商务印书馆1961年版，第235～236页。

② 孙长春：《司法权威的制度建构——以我国法院审判为视角》，吉林大学2007年博士学位论文，第24～25页。

权威是司法权威的上位概念。按照规范的研究思路,我们对司法权威的类型研究还得从权威的分类开始。

1. 权威的类型

目前对权威的分类研究主要有以下几种:(1)依据权威的影响范围不同,可以将权威划分为政治的权威、经济的权威、军事的权威、科学的权威、理论的权威、道德的权威、宗教的权威等。(2)依据权威的体现者的不同,将权威划分为个人的权威、组织(集体)的权威、著作的权威、言论的权威、阶级(政党)的权威等。① (3)依据社会统治的类型(马克思·韦伯的观点),即传统型、感召力型和法理型,将权威亦分为传统型权威、感召力权威和合法型权威。(4)依据权威内在本质的发展,可以将权威划分为自在性权威、他律性权威和自觉性权威。②

西方关于权威的分类占主流的观点是德国著名学者马克思·韦伯的划分法。它不仅在西方影响很大,国内学界也普遍接受这种观点。本书认为马克思·韦伯的这种划分有助于对司法权威的类型化研究,以下作重点讨论。

在《经济与社会》一书中马克思·韦伯提出,任何一种类型的社会都需要通过某种统治力量的建立来维持秩序,而这种政治力量只有具备了"合法性"才能被接受和认同,从而得到长久稳定,他认为这种"合法性"的来源有三个,其一为传统,其二为领导人物的感召力,其三为合法理性。以此为基础,马克思·韦伯提出了社会统治的三种类型,即传统型、感召力型和法理型。他在对统治类型的逐步深化分析研究过程中,注意到权力与权威之间的关系,进而引申出了他对权威的看法,并把权威分为三种不同的类型:

(1)超凡魅力型权威。超凡魅力型权威"(建立在)非凡的献身于一个人以及由他所默示和创立的制度的神圣性,或者英雄气概,或者楷模样板之上(魅力型统治)"。③ 也就是说魅力型权威关系是建立在杰出个人的

---

① 薛广洲:《权威类型的哲学论证》,载《中国人民大学学报》2001年第1期。
② 薛广洲:《权威类型的哲学论证》,载《中国人民大学学报》2001年第1期。
③ [德]马克斯·韦伯著,林荣远译:《经济与社会》(上卷),商务印书馆2006年版,第241页。

超凡远见和成就的基础之上,这些杰出的人通过他们的人格魅力向他人传达自己的愿望,并把人们带向新的方向。这种权威的品质实际上在于接受魅力统治的人们,即"追随者"们作出何种判断。此种权威的合法性来自于杰出之人的魔力或者英雄的力量,因此,韦伯认为倘若这些杰出的领袖长久未能取得成就,没有带给"追随者"(被统治者)们以幸福安康,那么他的魅力权威的机会就会消失。从长远来看,这种权威是不稳定的。

(2)传统型权威。传统型权威是建立在一般的相信历来适用的传统的神圣性和由传统授命实施权威的统治者的合法性之上的(传统型的统治)。[①] 它的合法性是建立在遗传下来的(历来就存在的)制度和统治权力的神圣的基础之上,并且也被相信是这样的。统治者的权威是依照传统遗传下来的规则确定的,对他们的服从是由于传统赋予他们的固有的尊严。[②] 也就是说,传统型权威的合法性是建立在古老的原则所体现出来的宗教般神圣的精神之上,并且人们相信这种传统是自古就有的、神圣的、正当的并加以严格地遵守奉行。传统型权威存在于所谓的旧制度之中,如封建制和君主制。

(3)法理型权威。法理型权威是社会系统中的政治功能与非政治功能分化过程的结果。这种权威依靠在社会系统中履行政治责任的整套权力或权利。法理型权威的形成有赖于制定的法律和规章所表现出来的理性,而此种从理性所产生出来的规则或程序是其得以存在的坚实基础。法理型权威的本质特征就是"理性"。韦伯认为法理型权威以规则或程序为统治的出发点和归宿,领导者只有依照法定规则和程序获得的权力才是合法的,并且只有依据法定规则或程序所发布的命令才是具有权威的。法理型权威是建立在法律基础之上的权威,是现代法治社会的权威类型。

马克斯·韦伯根据权威内在特质的不同将权威划分为三类,这种方法为全面认识和理解权威提供了一个可借鉴的范例,对于理论研究具有重大意义。但是,我们也要认识到,韦伯的这种学说有其局限性,表现在:

[①] [德]马克斯·韦伯著,林荣远译:《经济与社会(上卷)》,商务印书馆2006年版,第241页。

[②] [德]马克斯·韦伯著,林荣远译:《经济与社会(上卷)》,商务印书馆2006年版,第251~252页。

通过这种划分,他试图强调只有资本主义的民主自由国家才是真正合乎理性的、合法的。① 并且这种划分主要是从社会政治控制的角度来考量,因而权威与权力在他看来是分不开的。这样就会带来一系列的问题,比如官僚制。②

2. 司法权威的模式分类

马克思·韦伯对权威类型的划分对权威理论研究的意义无疑是深远的,但毕竟也有明显的局限性。与之相比较,本书认为我国学者薛广洲教授对权威类型的哲学研究最有助于我们对司法权威类型化的研究,下文对司法权威类型的讨论就是在借鉴这种划分的基础上展开的。他将权威分为三类:自在性权威、他律性权威和自觉性权威。③ 那么,司法权威能否与之对应进行划分呢?这个必须与司法权威的内涵界定相联系,本书认为所谓的司法权威是指司法主体依据法律作出理性裁判,以国家强制力为后盾,以合理的程序架构与规范保障的裁判机制为支撑,有效运作司法权使其发挥应有的说服作用与裁判效果,信服于民,从而享有的威信和公信力。无司法便无司法权,无司法权便无司法权威。而自在性权威并不能与司法权威内涵相对应。

自在性权威是一种尚未自觉意识到的权威现象,主要存在于"习俗"主导的社会中,以原始社会和奴隶社会的早期为典型,是权威发展的初步阶段。原始社会里的纠纷和冲突是由具有威望的部落首领或氏族酋长来解决。部落首领或氏族酋长因为受到拥护和爱戴,具有一定的权威,在纠纷解决过程中他们就充当了"法官"。这种利用威望④解决冲突的方式对于原始社会和早期奴隶社会的秩序和生产等起到一定的组织作用。自在性权威的基本特征之一是权威系统内成员之间的意志指向一致,没有明确的意志施加者,也不存在明确的对立双方。自在性权威的基本特征之

---

① 薛广洲:《权威类型的哲学论证》,载《中国人民大学学报》2001年第1期。
② [苏]N.N.安东诺维奇,哈余灿、孙士明等译:《资产阶级社会学理论批判(上册)》,湖北人民出版社1987年版,第50页。
③ 鉴于下文对司法权威类型的讨论是在借鉴这种划分的基础上展开的,因此对于他律性权威和自觉性权威的内容在此不作论述。
④ 这种威望并不完全等同于今天所理解的威望,因为首领这一角色并不是固定的,其威望也主要源于传统习惯。

二是维系权威系统正常运作的力量不是主观施加的,对于权威的服从者与施加者来说这种力量是"客观存在的自然现象",因为他们把权威这一关系视为了一种习惯。在这种习俗主导的社会中,调整人们社会关系的力量不是外在的、制度化的,而是靠自发所形成的习俗、习惯。习俗、习惯虽然是维系原始人群和早期奴隶社会人们共同生活的主要纽带,但是也不能排除以强制手段对严重违反习俗行为的处罚。判断这种行为的标准起初是原始人群共同意志所达成的共识,原始社会末期和奴隶社会早期,人们将判断的标准"神圣化",因此,诅咒,神判等"审判方式"成为了人类社会最初的具有社会强制力的制裁违反社会规范行为以及解决纠纷的方式。但是,因为这种制裁的依据是习俗或是"神的意志"而不是法律,并且没有国家强制力作为后盾,所以不存在"司法",部落首领也不具有"司法权",因此,当然也就不存在司法权威。① 那种把"自在型司法权威"也作为司法权威的一种类型划分,存在着论证上的矛盾,是不可取的。

本书认为可以将司法权威划分为两种类型:他律型司法权威和自觉型司法权威。

(1)他律型司法权威。他律型司法权威是指司法权威受体对司法权威的服从是基于自身的利益需要而非内心的需要,表现为间接性强迫的非自愿服从。他律型司法权威是司法权威发展的第一个阶段,出现于阶级社会里,他还不是真正意义上的司法权威。他律型司法权威包含两层含义:第一层含义是权力在该权威系统内的影响比较大,司法权威受体是因为迫于权力的"威慑"而服从,并非出于完全的自愿;第二层含义是该权威系统内的权威主体掌握着人们所必需而又难以为所有人拥有的一定资源,出于自身利益的需要人们在一定程度上自愿地服从资源拥有者的意志。

(2)自觉型司法权威。自觉型司法权威是指司法权威主体和受体均已认识到司法权威对保障权利和维护社会秩序的作用和意义,从而认真地实施和服从司法,在本质的利益诉求指向一致的前提下司法权威受体发自内心地认同司法权威主体的价值体系,进而自觉地服从司法权威。

---

① 季金华:《司法权的意义阐释》,载《江海学刊》2004年第6期。

它与他律型司法权威最重要的区别在于,这种权威系统的权威受体对于权威主体意志的理解与后者不同。

(二)他律型司法权威模式的评价标准

1. 司法具有解决纷争的国家职能

阶级社会里,司法成为国家的主要职能,无论司法是以行政机关的面目出现,还是以司法机关的面目出现,它拥有权力就拥有资源。人们之所以服从司法权威,很大程度上是考虑付诸司法解决纠纷比直接的"私力救济""争斗"更符合人的利益,是考虑到利用司法权力可以给自己带来一定的好处,获得一定的利益。相反,如果社会成员不服从国家的司法权威就会难以立足。显然,他律型司法权威的合法性来源于司法能够裁判纠纷,平复发生变动的社会秩序,满足社会公众的一般愿望。解决纷争成为司法在这个阶段最重要的国家职能,而对权利的保障功能不是最优的,并且是弱化的。

2. 司法运作的力量来自于统治者的强权

他律型司法权威的主体是那些掌握社会资源的人或群体,这些资源是社会成员生活、生产都必需的,例如土地、权力等,但这些资源又不是每一个社会成员都有能力去掌握的,于是那些有能力掌握这些资源的人或群体就拥有了支配、控制其他人的力量,因此他们在社会生活中的地位便得到认可和加强。为了巩固和维持这种地位,他们就会与国家、军队、政府、政党等力量联系起来,这样权威主体就有了强权作为后盾。裁判纠纷的国家职能是他律型司法权威存在的正当性理由之一,但是这种职能的实现很大程度上依靠的是外在的、社会的力量,强权恰好有了作用的空间,于是此种状况下的司法往往会成为统治者控制被统治者的工具。

3. 司法权威受体的非信服

他律型司法权威产生于阶级社会中,这种司法权威系统内的成员之间有了分化,原始社会时期的那种单一的社会利益共同体已不复存在,取而代之的是基于利益追求多元化而形成的对立阶级。正是客观存在的利益诉求的多元化,决定了在这种权威系统内,成员(包括权威主体和受体)之间很难形成统一的价值标准。处于优势地位的司法权威主体将其利益需求和意志上升为国家的意志,司法权威作为政治统治的工具要保证这种国家意志的实现,因而从本质上来讲司法权威受体的这种服从是被迫的、无奈的行为。

被迫是出于对国家强权"威慑力"的害怕和恐惧。之所以会这样,乃是因为此时的"社会成员都已经被组织到国家或社会团体之中,处于社会、国家、政府之外的空隙或活动余地几乎没有,国家、政府的影响力已及于社会的各个角落。社会的任何成员都必须首先服从国家的权威,否则,他就难以立足,就是同国家相对抗"。① 而无论哪个社会成员的力量都是无法与国家权力相比的,权力的威慑作用在这种权威系统内的影响是巨大的。

无奈是由于人们不掌握自己生存所需的资源。之所以会这样,乃是因为在阶级社会里,有权力才可能会拥有资源,有资源才会有权威,但是显然并不是每一个成员都有能力去掌握权力。所以,人们为了满足和实现自己利益的需要不得不服从来自权力的权威,反之,如果不服从就得不到生存和生活所需的资源,甚至会导致出现生存危机。因此,不论是在奴隶社会、封建社会或是资本主义社会,他律型司法权威的建立及维护并非取决于权威受体的自愿服从,而是通过对人的切身利益的影响来形成的。

(三)自觉型司法权威模式的评价标准

1. 保障权利成为司法权威最优职能

自觉型司法权威也有解决纠纷、调控社会秩序的功能,但与他律型司法权威不同,它已经不是自觉型司法权威最重要的或唯一的功能,保障权利的功能才是自觉型司法权威最重要的或最优的功能。为什么会发生这种转变呢?因为,在他律型司法权威的社会里,国家或政权的力量与社会的力量对比悬殊,社会的力量无法对国家或政权构成威胁,在阶级对立的情形下权威系统内成员之间的价值很难达成一致,权威受体很大程度上是不得不服从权威主体的意志,这种对司法权威的非信服势必在客观上

---

① 薛广洲:《权威类型的哲学论证》,载《中国人民大学学报》2001年第1期。

会对司法主体的权威性造成潜在的威胁,但正是基于两者力量悬殊的认识,一方面司法权威受体无法去改变现状,即使自己的权利在很多情形下得不到应有的保障,但是不得不服从于司法权威维护社会秩序的第一要务;另一方面司法权威主体对这种权威受体因被迫服从而存在的怨气而构成潜在的威胁,客观上讲应该是可以认识到的,但是依靠自己本身强大的力量,它不会自愿去作出让步,因为作出让步就意味着利益的部分丧失,因此,仍会坚持司法权威的最主要或最重要的职能是维护社会秩序,是国家统治的工具。然而,随着经济、政治等的发展,国家的力量与社会的力量之间的对比发生了重大变化。社会的力量逐渐发展到可以对国家构成一定威胁的程度,这时国家或政权就不得不去重新审视国家与社会之间的关系,承认并尊重社会力量成为了必然。因此,在司法权威领域里就表现为对权利保障的逐渐重视,而且司法权威的最重要的职能发生了更替,这时保障权利已经成为司法权威最重要的或最优的职能。并且,按照社会契约论的观点,在阶级社会里,理性的人们通过共同制定的社会契约将自己的部分权利转让给司法,赋予法院拥有控制和利用裁判权力的资源,因而,以实现正义作为其使命的法院必须依据人们共同制定的法律,并且按照法定的规则行使司法权来保障和维护人们的权利,只有这样司法权威才能得到人们的服从和信仰。

2. 司法权威受体的认同与信服

自觉型司法权威有两个鲜明的特征:一是司法权威主体对司法客观必然性和规律性的认识接近真理;二是司法权威受体对于主体的这种认识表示理解和认同。按照马克思主义的观点,司法权威主体对司法客观必然性和规律性的认识只有达到真理的程度,这一认识才能拥有一定的权威性,而只有司法权威受体真正理解了权威主体的这一认识并通过具体的行为表示认同,司法权威才算真正得以树立。对司法权威的认同是司法权威的本质内涵。

说到底,司法权威在本质上体现的是一种意志的施加与服从的关系。从一般意义上来讲,司法权威主体是意志的施加方,司法权威受体是意志的服从方。司法权威主体意志的施加要么可以通过强权达到,要么可以通过征服来达到。然而,司法权是一种中立的裁判权,它不同于行政权,强制性不应当是它的权力属性。从应然的层面来讲,司法权威的实现应当排斥强制和暴力。换句话说,司法权威的实现要依靠真理的征服力,而这种真理的征服力来源于司法权威主体对司法权威客观必然性和规律性的理解和把握程度,司法权威主体只有努力使自己的意志接近真理的程度,才能够正确而有效地指导人们的司法实践活动,也才会最终使人们信服。司法权威是以对社会秩序的维护和对权利的保障为己任的,为了达到这个目的必须使自己的意志得到他人的信服。随着人类社会的发展,社会结构越来越复杂,那种一个时期只存在一个单一的社会形态的状况几乎不复存在,往往是几个或多个社会形态存在于一个社会结构中,与之相对应,国家的政权结构、政治制度、社会意识形态等也呈现出多元化和复杂化的趋势,因此,认识和把握这些与司法权威息息相关的因素和条件,无论是对权威主体还是受体都提出了越来越高的要求,从这个意义上来讲,服从是一个理性思考与价值选择的结果,只有在那些价值体系和权威意志被权威受体接受与认同并自愿将其作为行为指南的前提下,司法的权威性才能真正得到树立和实现。

五、司法权威的价值功能

(一) 对人权的保障

我们处在一个彰显人权的时代,尊重和保障人权已经成为全世界的一个共识。人权保障需要法律化、制度化,只有这样才能真正为人权的实现保驾护航。国际上为此签署和制定了诸多公约和条约,例如,《公民权利和政治权利国际公约》《经济、社会和文化权利国际公约》等。联合国第三次大会决议还通过了《世界人权宣言》,其中第10条规定,"保障任何人在接受私法上的权利及义务之判决或在接受刑事追诉时,有通过依据法律设置的且公平的法院,在合理的期限内,接受公正的公开审理的权利",明确地将接受司法裁判权作为一项人权加以保障。"树立、肯定并保障人的基本权利,是现代法权制度和西方政治文明的基本价值目的。这是西方政治文明的逻辑起点,也是构建政治文明的基本要素。"受国际上人权保护法律化、制度化趋势的影响,我国 2004 年通过的《宪法》第四修正案作出明确规定:"国家尊重和保障人权。"这是我国第一次在宪法中提出人权的概念,标志着人权原则正式成为我国宪法的基本原则,这次宪法修正成为我国人权立法和实践的里程碑。

对人权的保障不能仅停留在"宪法法律层面上",对人权保障的落实是一个动态的过程,换句话说,"死的"人权不是真正意义上的人权,对人权的保障要体现在司法过程中,要体现在司法权对行政权的制约,有效防止其他权力对人权的侵害等方面。从宪法法律上对人权保护作出明确规定固然重要,但是当公民权利受到侵害或者发生争议、冲突的时候能够得到及时、公正的救济,这对尊重和保障公民的人权显得更加重要。如果公民权利受到侵害而司法不能及时救济的话,司法权威就会任由践踏。

(二)对社会秩序的调控

冲突与社会形影相随,有社会就会有冲突。冲突是一种社会常态,但不受控制的严重冲突必然会威胁到人类的生存和安全、威胁到人类的自由和幸福。而我们需要的是一种稳定的、有利于人类发展和实现自由、幸福的社会秩序。消除冲突、平复混乱,实现社会秩序的长久稳定是人类社会文明生活的必要条件,也是国家存在的前提条件。因此,国家必须对冲突予以适当的控制和解决,保持社会处于正常的、可接受的良好秩序状态中。法律的价值追求之一就是秩序,因此法律与社会秩序存在天然的紧密关系。法律是维系良好社会秩序的重要力量。法律的这种作用往往会通过司法来得以实现。当公民将发生的争议、冲突、纠纷提交国家司法机关处理的时候,不仅可以实现公民具体的权利,更加重要的是可以实现社会的有序和良性发展,"不论法律秩序的任何正当权威的基础是什么,它却仍在继续发生作用,而且我还认为,因为它正在履行着(而且很好地履行着)排解和调和各种互相冲突和重叠的人类需求的任务,从而维护了社会秩序,为我们得以在这个秩序中维护与促进文明,所以它自始至终掌了一种实际的权威"①,这就是通过司法权威对社会秩序的控制。②

(三)对其他权力的制约

孟德斯鸠是三权分立和制衡理论的集大成者,他主张国家权力分为立法权、行政权和司法权。③ 从谨慎和防范权力滥用的角度出发,权力制衡的最佳结构就是三权分立、三权制衡。他指出"当立法权和行政权集中在同一个人或同一个机关之手,自由便不复存在了;因为人们将要害怕这个国王或议会制定暴虐的法律,并粗暴地执行这些法律。如果司法权不同立法权和行政权分立,自由也就不存在了。如果司法权同立法权合而为一,则将对公民的生命和自由实行专断的权力,因为法官就是立法者。如果司法权同行政权合而为一,法官便将握有压迫者的力量"。④ 他认为从事物的性质来说,要防止滥用权力就必须以权力限制权力,"在权力问题上,不要谈论对人的信任,而是要用锁链限制他们,防止他们作出伤害人的事情"。⑤

近代以来法治社会的主题就是"如何规制权力的恣意与专横,避免因权力的异化所产生的腐败,保障个人权利而规制政府权力"。⑥ 客观上来讲,为了应对日益复杂的社会事务和实现日趋多元化的利益诉求,国家更积极、更主动地介入社会生活,这样就表现为国家行政权力的扩张。行政权力的强制性使得它很容易被滥用去侵害公民的正当权益,必须有另一种权力即司法权去制约它、约束它,有效地防止扩张的行政权对公民造成伤害。"法律权威的制度安排是以保障自由权利和制约、规范公共权力为

---

① [美]罗·庞德著,沈宗灵、董世忠译:《通过法律的社会控制——法律的任务》,商务印书馆1984年版,第29页。
② 孙长春:《司法权威的制度建构——以我国法院审判为视角》,吉林大学2007年博士学位论文,第25页。
③ [法]孟德斯鸠著,张雁深译:《论法的精神(上册)》,商务印书馆1959年版,第185页。
④ [法]孟德斯鸠著,张雁深译:《论法的精神(上册)》,商务印书馆1959年版,第185~186页。
⑤ 张文显:《二十世纪西方法哲学思潮研究》,法律出版社2006年版,第520页。
⑥ 张文显:《二十世纪西方法哲学思潮研究》,法律出版社2006年版,第501页。

中心的,具体包括市场经济、民主政治和以宪政为中心的法治。"①从某种意义上来说,法治国家司法的目的就是抑制立法和行政机关对公民权利的侵害,司法权是一种"公民的权力",司法制度和司法程序不是为法院、法官设置而是为公民设置的,司法权威就是司法控制和约束其他国家权力不被滥用的权威。②

(四)对法治秩序的建构

社会要有序运行离不开法治,而"法治应当优于人治"已成为一个不争的历史定论。法治即依法而治,它以法律权威为基础,而法律权威要由纸上的权威转化为实效的权威必须经过司法过程才可以得以实现。司法权威是法律权威的体现和延伸,而司法权威最终体现在裁判权威之上,因此,按照这个逻辑,法治的权威就蕴含在审判活动之中,从这个意义上来讲审判即司法。司法是一种由国家强制力保障的、组织结构严谨的、以公平正义为最高原则的解决纠纷办法。当发生争议、纠纷,通过司法途径解决出现的冲突,实现权利的救济是人们最理性的选择。法治相对于人治最大的不同和优势在于存在独立的司法权,司法权是中立的裁判权,通过法官和法院的行使来裁判人们之间发生的争议和冲突,在这一司法权运行过程之中保持司法的独立性和权威性既是司法权的本质要求,也是其实现的保障。虽然司法权是一种裁判权,但是为了确保它的权威性必须保证它的独断性,即司法权行使的主体是法定的,仅限于法院和法官,任何其他任何主体都不能行使司法权,这是和谐社会秩序的要求也是司法权得以良好运行的客观规律。同时,我们也应当承认,受制于主客观各种因素的影响,司法权运行的结果并不必然地产生公正、正义的结果,这就有可能发生争议和冲突的反复和无休止,这样显然会对社会秩序的稳定造成一定的危害。因而,必须保证司法裁判的终极性,以避免人们陷入无

---

① 刘杨:《法律权威论》,载张文显、李步云主编:《法理学论丛(第3卷)》,法律出版社2002年版,第203页。
② 孙长春:《司法权威的制度建构—以我国法院审判为视角》,吉林大学2007年博士学位论文,第27页。

休止的诉累之中,也避免了社会秩序的不稳定。可见,通过裁判权威而实现的司法权威实质上既是法治国的必然要求,也是实现法治秩序的手段。

六、司法权威树立的心理过程和机制

(一)心理学理论对服从行为产生的分析

法学家、社会学家等一般都是从定性的角度去研究服从行为,诸如如何让人服从、如何获得服从的正当性和合法性、如何保障被服从之类的问题。心理学家对服从的研究则不是从定性层面之上,而是力图解释更深一层次的问题,即对权威的服从是怎么产生的。西方心理学家对权威服从的研究开始于对埃希曼(Adolf Eichmann)[①]案件的解读。这个案件涉及的是道德与法律之间问题的讨论。作为一名军人,埃希曼认为自己屠杀犹太人行为是一种军人遵守命令的行为,遵守命令是军人的天职,因此,他认为自己是无罪的。他的辩护引起了广泛的讨论,人们开始反思服从与权威之间的关系。从道德层面上来讲,埃希曼所做的辩护理由肯定是不被大家所接受的,但是他的理由中又存在合理的地方,即他是对权威的服从而不是个人的行为。那么,他对纳粹权威的服从能够成为他无罪的理由吗?显然不能,因为这个权威本身就没有存在的正当性。那么,引申出另外一个问题:在埃希曼完全有可能认识到纳粹权威不存在正当性的前提下,他又为什么会去服从这样一个权威呢?为了解释这个问题,西方心理学界展开了一场讨论,首先解释这个问题的学者认为,服从权威是人的天性,埃希曼对纳粹权威的服从也是一种天性。随后,心理学界为了更进一步地解答这个问题,相继形成了天性论、利益论、人本主义论和期望——价值论等不同的学说。

[①] 对埃希曼屠杀犹太人的事实以及案件前后经过的详细介绍,请参见杨曼苏:《犹太大劫难:纳粹屠犹纪实》,中国社会科学出版社1995年版,第126~144页。

1. 天性论。这个理论由心理学家米尔格拉姆（Stanley Milgram）[①]提出，它的核心观点认为人们对权威的服从是人的一种天性。但是，用天性这种不可验证的东西来证明人为什么愿意服从权威，显得不够有说服力。它解决不了权威性指令本身的权威性从何而来。

2. 利益论。为了解决权威性指令本身的权威性从何而来的问题，美国心理学家泰勒（Tom R. Tyler）教授提出了利益论，该理论认为：权威性指令本身的权威性来源于人们对自身利益的考虑。服从权威可以获得利益，会对自己有好处，并且有信任权威的动机，所以愿意服从权威。[②] 但是，这个理论解释不了因权威产生服从的动机的根源是什么。

3. 人本主义论。为了找寻权威服从的动机的根源，以罗杰斯（Rogers C. Rogers，1902—1987）和马斯洛（Maslow，A. H.，1908—1970）为代表的人本主义心理学家提出了自我实现理论。[③] 该理论的核心观点认为，人们是基于自己的需要（内在诱因）而作出服从的选择，"需要—动机—行为"是这个理论的逻辑关系。而与此理论相联系的是莫勒（Miller N. E.）和克林格（Klinger E.）等人提出的外在诱因论[④]，该理论认为外在的诱因是作出服从权威选择的动机，因为激励或惩罚等外在诱因影响着人的内在需要。从本质上讲，这种理论的归宿点还是人的内在需要，所以与自我实现论没有本质区别。这两个理论都将人的内心需要作为服从的动机，但是它们解决不了如何实现从需要或诱因向动机的转变。因为，行为动机的根源不能直接等同于行为动机的产生。例如，人有某种具体的需要，但不等于他就——一定会产生某种行为。

4. 期望—价值论。以托尔曼、勒温和班杜拉为代表的心理学家提出

[①] 米尔格拉姆对服从权威现象的详细研究过程请参见[美]Herbert L.，Petri. John M. Govern 著，郭本禹等译：《动机心理学》（第 5 版），陕西师范大学出版社 2005 年版，第 238～240 页。

[②] [美]Herbert L. Petri. John. M. Govern 著，郭本禹等译：《动机心理学》（第 5 版），陕西师范大学出版社 2005 年版，第 240 页。

[③] 对马斯洛需要理论的详细阐发，可参见[美] Herbert，Petri. JohnM. Govern 著，郭本禹等译：《动机心理学》（第 5 版），陕西师范大学出版社 2005 年版，第 286～290 页。时蓉华：《社会心理学》，浙江教育出版社 2003 年版，第 240～247 页。

[④] [美]Herbert L. Petri. John. M. Govern 著，郭本禹等译：《动机心理学》（第 5 版），陕西师范大学出版社 2005 年版，第 166～177 页。

的期望—价值理论解决了如何实现从需要或诱因向动机转变的问题。该理论认为人的需要或诱因向动机转变的过程中,人需要考虑自身价值的需要,并会考虑实现这个价值需要能够达到的期望,例如奖励或惩罚,从而权衡后产生行为的动机。①

以上心理学界对服从行为产生过程的分析是一个逐步深入的发展过程,将对埃希曼案件最初引发的问题的解决一步步带进更加深入的程度,这种分析使人们对服从行为产生的根源有了更加清晰的认识,而这种分析所得出的结论无疑对研究司法权威树立的问题有着很大的启发和借鉴意义。

(二)司法权威树立的心理过程及其机制

通过借鉴心理学对服从行为和动机的研究成果,我们可以发现司法权威服从行为的心理产生过程大致有三个阶段:第一个阶段是司法认知阶段,即对司法现象(司法事实、司法行为)转化为司法信息的吸收过程,也就是获取和理解静态的法律规范、司法规范和动态的司法行为等司法信息的过程。第二个阶段是司法信息的加工阶段,即通过人的大脑中的司法信息处理中心将获取到的司法信息进行一定的"加工处理",这些被"加工处理过"的司法信息经过重新的"排列组合"产生相应的"化学反应",进而产生出一定的司法思想,这些司法思想又经过大脑神经作出一定的司法行为指令。第三个阶段是司法服从行为和司法认知行为的产生和反馈的阶段。在这一阶段中人的大脑首先通过对司法信息的认知、评价、情绪和动机形成等过程形成一定的司法理念,之后再与具体的情境结合,做出具体的司法行为指令,从而形成司法服从行为;而这个司法服从行为接着会被大脑作为司法现象成为司法认知获取司法信息来源之一;同时,那些在这一阶段未能与具体的司法情境相结合的司法信息会进入"司法知识储存库"储备起来,成为司法知识信息,为下一阶段的司法认知活动提供知识基础。司法权威就是在这样一个个过程的反复之中得到实

---

① [美]Herbert L. Petri. John. M. Govern 著,郭本禹等译:《动机心理学》(第5版),陕西师范大学出版社 2005 年版,第 210~212 页。

现的。

1. 司法信息的流向阶段。

司法信息大致可以分为两类,一类是司法行为信息,它包括诸如个人司法经验、经历以及对他人的司法行为和经验的感知等;另一类是司法知识信息,它包括人们主动认知和被动认知的司法知识信息,简单来讲所谓主动认知的司法信息是人们通过主动学习或感官而获取的那些司法知识信息,而所谓被动认知的司法知识信息是非经人们主动学习或感官而是通过灌输、引导或被动教育而获取的那些司法知识信息。这两类司法信息被大脑获取后很大一部分会进入司法信息整合处理中心,该中心会对这些信息进行重新的"分类管理",而此时的分类已经与司法信息获取阶段的标准有所不同,该阶段司法信息整合处理中心会根据司法信息的不同性质将司法信息分为同质司法信息和异质司法信息。同质司法信息是指所承载的司法内涵和价值与原先形成的司法理念结构相似的那些信息,这些司法信息因此会容易被同化和整合,大脑神经会表现出主动接纳,而反映在人的行为上就是态度积极地接受。同质司法信息经过一系列的"加工处理"产生的结果是强化固有的司法理念。异质司法信息是那些所承载的司法内涵和价值与原来形成的司法理念结构存在差异的指那些信息,因为差异性的客观存在,这些异质司法信息就不会被大脑神经所主动加纳,而如果不接纳这些司法信息人就会丧失其社会适应性时,司法信息整合处理中心就不得不将这些司法信息与原来形成的司法理念进行重新的"化学反应",反应的结果是对原有司法理念作出调整,大脑神经表现出被动接纳,反应在人的行为上就是态度消极地被迫接受。异质司法信息经过一系列的"加工处理"产生的结果可能是从根本上更新固有的司法理念。人们获取的司法信息并非全部都会被司法信息整合处理中心所接纳,那些未被接纳的信息,例如法律说教中的部分内容会被以"司法知识"的形式进入一个司法知识储存库储存起来。这些被当作司法知识储存起来的司法信息,一部分会参与到下一步的司法认知活动中去,为司法认知活动提供知识基础,而另一部分会在出现特定的司法情境的时候被大脑神经检索出来,参与到司法信息整合处理中心的活动中去。

2. 信息的整合和司法理念的产生与输出阶段

(1) 司法理念的产生过程。通过司法认知活动大脑在获取大量的司法行为信息和司法知识信息之后,会由大脑中的司法信息整合处理中心对这些获取的司法信息进行一系列复杂的"加工处理",产生出巨大的"化学反应"效果。而这一复杂的"加工处理"过程由一系列的心理机制所组成,这些心理机制包括了评价机制、情绪机制、动机机制和意愿机制。这些心理机制并不存在明显的先后顺序,往往一个司法理念的产生和司法指令的作出是多个心理机制共同作用的结果。

第一,司法评价机制。司法评价是人们对司法肯定或否定的内在反应倾向,包括对司法本身善恶的评价和对司法运行功效的评价两个方面。对司法是否正当的评价,对司法是否实现正义的评价以及对司法是否实现了权利保障和维护社会秩序的评价等属于对司法本身善恶的评价;对司法运行是否具有实效以及是否实现效益最大化等的评价属于对司法运行功效的评价。

客观上讲,人们的司法评价会是多元化的,标准也是不一的,但某些标准是可以达成共识的,这些共识性的标准就成为了对司法的一般评价。例如公正、正义、秩序、自由等已经成为人类社会评价司法的最一般的价值标准。从这个意义上讲,司法评价对于司法服从行为的树立有着直接的积极意义:首先,司法评价对社会提供司法价值观和司法理念方面的指导,人们的行为只有符合这些司法价值观和司法理念的要求才能被社会认可,否则将会受到排斥,无法在社会上立足。其次,司法评价对个体行为提供直接的指导,个体通过对是否遵照这些共识性的司法价值观和司法理念的衡量,作出是否服从的决定。

第二,司法情绪机制。人们的司法情绪一般表现为对司法程序及结果的认同或排斥。当司法程序及结果符合人们的正义价值观要求的时候,人们的情绪上就会表现出认可和接受,反之,则表现为排斥和厌恶。从表面现象来看,人们的司法情绪似乎是一种完全主观的、短暂的心理活动或心理状态,但对其进行深层次的分析会发现,这种看似完全主观的心理现象其实具有其客观性。因为,首先产生心理情绪的个人是客观的;其次,影响或制约心理情绪产生的外界因素是客观的,例如,社会经济发展、政治体制、司法制度、法律制度等;再次,与人的心理情绪密切相关的价值观和理念等也不是人的大脑主观臆断的,而是客观存在的社会"赋予"的。因此从这三个角度来看,人的司法情绪是具有客观必然性的。而司法情绪的状态会直接与司法服从行为的产生相关联,所以必须重视人们的司法情绪机制。对人们司法情绪机制的分析可以帮助我们对司法制度,乃至法律制度及社会发展进行完善,这对于树立司法权威无疑也是意义重大,因为一种被人们排斥的或者厌恶的司法势必不会具有权威性,只有那些被人们所认同和接受的司法才具有真正的权威。

第三,司法动机机制。司法动机是指人们对于司法采取服从或排斥行为的直接动因。司法动机主要产生于个人的利益需求和外在的刺激。通过以上对司法评价机制和司法情绪机制的分析会发现,个体的利益需要与司法评价和司法情绪的产生都密切相关,司法动机的产生同样也是个体将司法信息与个体利益需要进行心理整合的结果。司法动机的外在刺激主要指的是外界对司法的评价以及客观存在的司法惩戒性。内外诱因的共同作用促使司法动机的产生。例如,一个合法权益受到侵害的人,出于对利益保护的需求在符合法定条件的情况下会诉诸法院请求救济,但是当这种需求没得到满足的时候,他就会产生失望的情绪,进而很有可能产生违抗司法的行为的动机,去司法之外寻求救济途径,例如信访。通过对司法动机产生条件的分析,有助我们弄清楚司法服从行为如何产生以及产生后会发挥怎样的作用,这对于我们如何采取对策才能促进司法服从行为产生以及实现司法权威的树立都起到至关重要的作用。

第四,司法理念的形成阶段。产生了某种司法动机是不是就一定会指向一定的行为呢?例如,个体基于各种原因产生反抗司法的想法,那么他就会一定有所作为吗?或者讲,个体希望服从司法,他就一定会去这么做吗?显然,都不是一定的。为什么呢?因为没有形成理念的动机都是不可能持久的,它的支配力也是不够强大的,只有这种动机达到了形成理念的高度才会对人们的行为起到关键作用。司法理念在本质上是人们对司法的期待和要求的现实化、明确化、体系化。它是人们在对司法信息的自觉认识、评价、形成某种定见之后,内化了的司法规范心理和司法行为指南,具有持久性的特征,人们作出具体的司法行为都是司法理念指令的结果。

通过对司法理念形成过程的分析可以发现,虽然人们的司法行为能够反映出司法理念中包含着情感、动机等心理要素,但是它们并不直接与司法行为发生关系,例如排斥司法的情绪并不一定导致个体不服从司法,直接与司法行为发生联系的是司法理念,而司法理念具有持久、稳定的特点,因此,个体的司法行为在受到司法理念支配的作用下就具有了稳定的特征和取向。这一点说明了我们从心理机制的角度来探讨司法权威的树立是建立在一种科学的认识基础之上,进而促进我们尽可能地得出科学的结论。

(2)司法理念的输出过程。司法理念的输出有两个途径:其一是司法服从行为指令的发出。当个体处于某种法律行为情境之中的时候,司法理念被情境激活,对情境作出判断,通过综合衡量发出司法服从行为的指令。这个行为的产生表征了司法权威的树立。其二是司法认知指令的发出。普法教育、法律讨论、法律学习、法学研究等等,这些是人们经常遇到的司法认知情境,在这些情境中人们会获得司法相关信息,然后进入到司法信息整合处理中心,很大一部分司法信息就会被储存起来,这就是所谓的司法认知。这些司法认知对人们行为的指导作用虽然不是直接的、明显的,但是通过司法指令的发出,会强化人们司法认知的能力,这也是一种司法权威树立的表现形式。

3.行为的产生及其反馈作用过程

这个过程包含司法行为的产生和司法认知的活动两个方面的内容:

(1)司法理念通过与一定的司法行为情境相结合就会产生相应的服从司法的行为或不服从司法的行为,无论哪种行为都具有社会效应和反馈效应。社会效应是个体司法理念输出作用于他人和社会的一种效果;反馈效应是个体司法理念输出所产生的效果对本人的反作用。当某个人的司法服从行为没有得到应有的社会接纳和赞许,而是被漠视甚至不被尊重,或者他的服从行为为他增加了额外的负担,或者某人的违法行为没有受到应有的制裁和惩罚,那么对这些反馈信息进行整合的结果就是他很可能改变既有的司法理念,因为司法理念与行为结果之间的巨大落差让他不得不作出调整;相反,如果个体的司法服从行为得到了社会的认可和赞许,或者至少这样的行为没有给他增加额外的负担,那么对这些反馈信息进行整合的结果就是他的既有的司法理念得到进一步的加强和巩固。

(2)司法理念与一定的司法认知情境相结合就可能产生相应的司法认知活动。人们在司法学习、讨论等司法认知活动中获取的司法知识信息就是司法认知行为带来的反馈信息。这些信息一方面进入司法信息整合处理的过程中,起到强化或改变司法理念的作用;另一方面会形成一种直接支配司法认知行为的独立的意识或理念。

人们司法行为的产生是一个不断循环的、复杂的心理过程,表现为无论是司法服从行为还是违反行为都会产生一定的社会效应和反馈效应,人们对这种社会效应或反馈效应会进行再评价和再认知,从而更新或改变已有的司法理念。而司法权威就在人们对司法行为的认知过程中树立起来。

(三)司法权威树立的心理过程和机制对于树立司法权威的启示和要求

通过对司法服从行为产生的心理过程和心理机制的分析,我们会发现司法权威的产生是一个复杂的心理过程。司法现象所反映的司法信息通过心理机制转化之后并不一定会导致司法服从行为的产生。从树立司法权威的角度来讲,只有司法的服从行为才能使司法的权威得以树立,所以如何提高司法服从行为的"产出率"就成为了关键性的问题。要想达到这个目的,还得从对影响司法服从行为重要的心理转化阶段进行仔细分析。产生司法服从行为的心理转化过程分为三个阶段:

第一个阶段是司法信息的输入阶段。人们在社会生活中总是不断地面对各种各样的司法现象,这些司法现象通过人的大脑转化为一定的司法信息并且在人的大脑里储存起来。这些输入人的大脑的司法信息对司法服从行为的产生和内在司法权威的形成具有前提性的意义。从这个意义上来讲,大脑输入什么样的司法信息以及以何种方式或形态输入,对司法服从行为的产生和司法权威的树立均具有最基本的意义。而司法现象所反映的信息的性质和形态在深层次上是受到整个社会法治环境制约的,所以这决定了树立司法权威的一个重要指向是建立一个法治的社会环境。

第二个阶段是司法信息的整合处理阶段。司法信息进入整合处理中心之后经历一系列的心理整合阶段,有两个基本要素一直参与着这些阶段的运作:一是利益,包括社会利益、团体利益、个人利益等;二是正义,包括公平、公正、自由、秩序、效率等。人们在司法服从行为产生的心理机制的各个阶段所作出的行为的标准和依据都在于对自身利益的考量。因此,可以说司法服从行为产生的根源就在于司法能够对利益进行有效的保护和对利益关系进行有效的调控,进而维持社会的秩序。既然是这样,那么对权益的保障就成为司法权威树立过程中至关重要的问题,而保障权益的途径就是建立以保障权利为主要功能的司法体制。同时,正义等价值观念在司法信息整合处理的整个过程中不仅参与到心理机制的各个阶段,而且起到了很重要的作用。一种违背人类价值共识或者不符合科学发展规律的司法不具有正当性的依据,从而不可能使得人们产生对司法的内在服从,因而也就不具有权威性。因此,从这个意义上来讲,司法权威的树立要求司法本身必须能够对各种价值兼容和平衡。

第三个阶段是司法行为指令和司法认知指令的发出阶段。司法信息通过整合处理中心的整合之后,便会结合具体的司法行为情境和司法认知情境分别发出司法行为的指令和司法认知的指令。其中司法行为指令的发出就是直接发出服从司法行为的指令或是不服从司法行为的指令。司法服从行为有两种可能:一是人们对司法强制力的畏惧;二是人们内心对司法权威的真正认同。而司法不服从行为也有两种可能:一是人们内心不接受特定司法及其反映的政治统治秩序,从而表现为人们积极试图推翻或反抗这种秩序;二是人们在认同司法整体的情况下对某些司法程序或结果的合法性提出异议。第一种不服从意味着司法没有权威,第二种不服从也是司法具有权威性的表现。因此可以说,对于司法权威的树立而言,首先要做好"内功",即建立健全以权利保障为主要功能的司法制度,完善司法制度机构,以满足人们利益多元化的需要,有效发挥维护社会秩序的作用。其次要积极保障在司法权威之下的司法不服从的表达机制,例如建立健全对司法运行过程和结果存在异议和不信任的监督机制。

总而言之,司法服从行为的产生是一个复杂的心理过程,并且这个过程受到社会法制环境的制约,因此是各种因素综合作用的结果,这就决定了以司法服从行为为重要表征的司法权威的树立同样是一个复杂的、系统的工程。只有以对人的心理活动规律的发现和认识为起点,尊重司法服从行为产生的内在心理机制和过程,积极采取有效的应对措施,建立健全司法制度和相关的政治制度,司法服从行为的产生才具有内在的根基和动力,司法权威的树立才能更有效、更长久。

第二章

西方法治语境下的司法权威及其生成路径

一、西方法治语境下的司法权威

(一)西方法治国家司法权威的现状

毋庸置疑,现代西方法治成熟国家已经形成了司法所必须的权威。然而,我们必须认识到,就是这样的法治成熟国家,其司法权威也不是在短时间内迅速实现的,而是在相当长的时间里通过对司法权的逐步理性规制达到的。在西方法治成熟国家里,各国的司法权威都各有特色。

我们可以大致将西方法治国家的司法模式分为一元主义模式和二元或多元模式。① 美国是一元主义模式的典型代表。在美国,法院审理案件不仅要裁判双方当事人提交的争议,还必须解释和说明法律的含义,此外,还要审查判断适用于案件的法律是否合宪。可以看出,美国语境下的司法机关既要完成对争讼事件的裁判工作,又要对所适用的法律进行解释和审查。日本是另一个一元主义模式的代表。日本在第二次世界大战之后对美国的司法制度予以全方位的接受,战后的日本把司法权统一交

---

① 胡夏冰:《司法权:性质与构成的分析》,人民法院出版社2003年版,第196~197页。

给司法机关行使。欧洲法国和德国则采取二元或者多元主义的司法模式。自资产阶级革命胜利后,法国就只把民事和刑事案件的审判纳入"司法"的范围,却将行政案件的审判排除于司法范畴之外,法律解释及合宪性、合法性审查就更不属于司法了。法律的合宪性审查工作由专门的宪法委员会负责,司法机关不具备违宪审查权。与法国类似,在德国的司法传统中,行政法院不属于司法体系,此外,德国也专门设置了宪法法院负责违宪案件的审判,在性质和功能上,宪法法院和一般法院具有根本性差异,因此也不属于法院系列。在法国和德国等大陆法系国家,并非由司法机关单独完成司法任务,宪法法院和宪法委员会这样的立法或行政机构也在行使部分的司法职权。这种多个国家机关共同行使司法职权的模式被称为司法二元主义或多元主义模式。

不管是一元主义、二元主义还是多元主义模式,有一点是相通的,即各国司法都以审判为其核心,都是在于实现最大限度的司法公正。因此,这些国家都极为注重司法独立和正当程序原则,在这样的背景下,也以不同的模式形成了司法权威,而且经过历史的进程这些国家也都已实现了司法的现代化。撇开各国司法含义与司法制度的差异性不谈,我们总结这些不同的司法权威模式下有着许多共同之处。

第一,保障个人权利,追求司法公正是司法的最根本价值目标。价值不仅起到昭示意义的功能,而且还影响着社会系统内各要素的运行与协作状况。价值体现了在实践关系中主体与客体之间的辩证互动关系,一方面,客体能够在某些方面或层次上满足主体的需要;另一方面,主体的需要以及客体对主体的满足从来不是固定化的,而是始终不断发展。司法所蕴含的价值上体现了人们对司法功能和意义的认知,即司法作为一种解决纠纷的方式能在多大意义上满足人们对公正的追求。不同时期,人们对司法的需求不尽相同,人们的司法价值观也随之改变,这决定了人们将采用什么样的司法制度设计。在现代西方国家里,人们需要司法在维护秩序、实现公正、保护个人权利等方面起到保障作用。司法对公正和秩序的追求都依靠对个人权利的保障来实现。在现代司法的各种价值中,个人权利的含金量最高。在现代西方社会,保障个人权利成为衡量司法公正的重要标准,也是构建社会秩序的重要基础。

第二,司法机关职能专门化。西方法治国家里,设置法院的直接目的就是解决纠纷,审判是法院的根本任务,这种解决纠纷的职能是法院独有的职能,其他任何国家机关和组织都不具有此项职权。"无法院、无审判"是西方法治国家最基本的司法理念,为了使法院的这项职能有效和充分发挥,在法院机构体系中设置了较为严密的等级体系和监督体系;为了保证法院裁判的公正性,法官的身份保持中立,以有别于其他国家机关的工作人员。

第三,遵循司法独立原则。司法独立对现代法治国的意义通过如下方式体现出来:凭借司法机关的独立地位,能对社会生活形成有效的规制,以中立的姿态处置各种恣意和专断的非法行为,调处社会纠纷,从而能对法律运作中的秩序失衡予以缺陷补救,沟通法律规定与社会现实之间的关系。西方法治国家通过长期的实践形成了一套较为有效地保障司法独立的制度体系:其一,保障审判独立。就法官而言,审判案件法官只受法律的约束,不受任何非法律因素及其他任何国家机关、社会组织和个人的干涉;就法院而言,在国家机关的结构体系中法院享有完全独立的地位,不隶属于任何国家机关、政党和组织,非经法律规定,司法权不受任何其他权力的制约。其二,审判独立的保障制度,包括法院充分且自主地占有司法资源、法官终身制、高薪养廉制等等,从而保证法官个体的独立和廉洁。

第四,坚持司法公开原则。司法公开是司法公正的内在要求。司法机关作为纠纷的裁判者,是以第三者身份作出判决或裁定,如果想让当事人从内心信服司法裁判,除了判决结果公正、解决纠纷高效外,还必须让当事人亲眼目睹司法程序的公开运作,即事实是怎样得到确认的,法官如何进行法律选择,此后又是如何一步步适用法律得出判决结果的。只有做到司法程序的公开,让当事人见识了司法公正的实现过程,即使判决结果对其不利,他也能认识到法律已经得到了应有的适用,从而在内心认可判决,这样就有助于真正树立司法权威。如果司法过程是在私密的状态下进行,一旦败诉,当事人可能就会怀疑司法过程是否有暗箱操作,甚至内幕交易。司法公开是司法公正的必然要求,也是树立司法权威的必要前提。它的重要意义不仅在于让公众认识到司法过程公开可见,增强司法裁判的说服力,同时也能够通过在公开场所作出审判,使审判活动受到大众的监督,从而防止各种势力和因素对司法裁判的不当干预。在西方国家的当代司法体制中,司法公开制度主要体现在以下两个方面:其一,通过公开审判和陪审制等,实现司法裁判过程的公开。西方法治国家通过将公开审判作为一种常规化的制度,最大限度地实现司法公开,从而防止司法过程中的暗箱操作以及司法专断。其二,发挥舆论监督司法的作用。司法对传媒公开,发挥舆论的监督作用是司法公开的重要环节。缺乏舆论的报道和监督,司法很难实现对社会公众的高程度公开。社会传媒等力量的介入,能让公众更真切到了解司法过程的种种细节,有利于在公众认同的基础上逐步树立司法权威。

第五,司法功能呈现多元化趋势。随着社会分工的日益发达,司法的功能也随之呈现出多样化趋势,这也是已形成司法权威基础上西方国家司法的普遍特征。司法最基本的功能是解决纠纷,司法的这种功能在西方法治国家表现出普适性、权威性和综合性的特点。伴随社会的发展,司法功能的张力越来越大,除了基本的功能之外还增加了调控社会的功能、宪政化的功能和社会整合的功能。这三项功能是在一个国家树立司法权威的基础上逐步衍生出的功能。

第六,法官精英化、职业化。司法裁判是专业性极强的职业活动,法官不仅需要有深厚的专业素养,具备扎实的法律专业知识,还必须掌握必要的诉讼行为的协调规范和技巧并具备丰富的日常生活经验。没有充分掌握法律知识和专业技能的精英法官群体,司法的职业化将很难从理念转化为现实。司法审判是运用法律专业知识和司法技巧解决纠纷的专业化活动,法官作为主导这一活动的主体,必须具备高超的专业素养和能力。因此,在西方法治国家,法官的任命和升迁都具有极高的标准,英美法系的法官更是一般先得在律师行业摸爬滚打很多年,洞悉了法律实践和生活常情后,才会获得任用。

(二)西方法治国家的司法价值观

西方国家的司法价值观可以总结为三点,即司法独立、司法中立与司法克制。随着三权分立理论逐步得到西方各国的承认,司法权的重要性日益凸显,不管是英美法系还是欧陆国家都相继树立了司法独立原则,强调司法权只能由司法机关单独行使,或者说由司法机关"垄断"司法权,从而保证司法活动的中立性。由于司法权的起源等方面原因,大陆法系与英美法系在司法的定位上存在差别,英美的司法侧重于以第三方的立场解决当事人之间的纠纷,而欧陆的司法强调以官方的立场维护当事人的正当权益。正是因为如此,英美的司法权从一开始就具有社会权的属性,与行政机关完全分属两套系统,司法独立也就比欧陆更早完成;而欧陆的法院则与行政机关具有更多的共同性,在司法仪式和程序上都不如英美法系那样突出司法的特质。但是不管怎样,司法独立是西方法治国家都遵循的一条原则。

司法独立要求司法机关必须居中裁判,不偏向任何一方,力求不受立场限制作出正当裁判。司法中立在西方国家具有悠久的传统,这从司法女神像中就能明显看出来。司法女神一手持天平,意味着不偏不倚,司法女神被布蒙上双目,象征着她不看原被告在社会地位、财富和相貌等方面的差别,能一视同仁、平等对待,从而能够作出居中的判决。总体而言,司法独立要求一个国家应该对司法权的属性有明确的定位,不应让其承担超越职权范围的社会管理职能,如果要求司法机关不仅要定纷止争,还必须积极预防调控社会纠纷,司法机关很可能事先就有自身的立场和倾向,司法中立难免得不到保障。

司法克制是司法中立的必然要求,也是西方司法理念的常态。从法律文化的角度看,司法克制是西方法律信仰传统的必然产物,法律信仰铸就了西方的规则之治传统,要求人们严格按照法律规则办事。法官在适用法律时,首先必须尊重法律,不能动辄用自己的主观理解去曲解甚至代替法律,而必须恪守既定的法律规则,司法克制自然成为西方司法理念的常态。此外,司法克制也是司法中立的必然要求,如果司法机关经常积极主动地干预社会纠纷,手伸得过长,人们会逐渐将司法活动视为非常日常化的行为,司法的神圣和权威不复存在。司法机关过于主动,容易滋生偏向中某一方的倾向性,司法中立就难以得到保证。只有消极谦抑,不告不理,在充分听取双方当事人意见的基础上作出判断,才能保证司法机关客观中立之立场。

从理论上讲,司法价值观本是司法权威的构成要素之一,西方法治国家的司法价值观在其司法权威的树立和维持方面的作用是不容忽视的。

(三)西方法治国家司法权威的模式类型:判定标准与结论

1. 西方法治国家司法权威模式的判定标准

西方法治国家司法权威主体对于司法必然性和客观规律性的认识发展到了接近真理的程度。通过对社会发展客观因素(例如经济、政治、文化、政党、法律等)的把握,认识到国家与社会之间的关系应当是良性的、二元的,对社会权利的保障应当成为司法权威的最重要的职能,这种理念的达成进而促进国家或政权为了达到这个目标重新设计国家结构、政权机构以及法律制度和司法制度。从心理学对司法服从过程的分析中我们发现,除了个体利益对服从行为的产生起到至关重要的作用外,社会价值观念、国家制度、政权结构以及法律制度、司法制度等法治环境因素等外在诱因对服从行为的产生起到重要的作用,并且这些外在诱因会促使个体内在利益需求发生变化。西方国家在经历数百年的发展进程,经历各种各样的矛盾的冲突甚至战争后,逐渐认识到司法权威对维持社会秩序的重要性,认识到司法权威对于社会各方利益需求的满足,也逐步认识到如何树立司法权威、如何实现司法权威。这种认识体现在西方国家对于政治制度的调整,对于法律制度的调整,进而对于司法制度的调整。从政治制度来讲,坚持资本主义私有制,进而坚持对个人利益的保护;从法律和司法制度来讲,为了树立司法权威和实现司法权威,首先应建立起比较完善的法律制度,不论是成文法还是不成文法,都尽量保障法律本身的合法、合理和正当,尽力保证法律体系的完整,然后完善各种法律运行机制,实现公平、正义、秩序、自由等社会价值。对于司法而言,司法权是"三权分立"之中的中立的裁判权,司法发挥解决纠纷、保障个人权利、维持和稳定社会秩序的国家职能。为实现司法的这种职能,从权力机构上坚持"三权分立"、相互制衡,保证司法权的中立;从政治制度上坚持司法权与政党尤其是执政党的非从属关系,保证司法权的常态运行;从司法制度上设置各种具体制度保障法院和法官的独立,保障法官作出公正的裁判,保障裁判的终极性和执行力,从根本上满足社会及个人权利保障的需求。这种权威主体对司法必然性和客观规律性的认识是自觉型司法权威的一个重要特征。

司法权威受体的服从行为来源于两个方面,一是强权"威慑"下的非自愿服从,一是基于对司法权威主体意志的发自内心的信服。在西方法治国家中,权威主体在对司法必然性和客观规律性有了深入的认识之后,就会"竭尽全力"地设置各种政治制度、法律制度和司法制度以达到保障社会及个人权利的目标,而事实上西方法治国家也基本做到了这一点。也就是说司法权威受体对于权威主体对于司法本身的认识和把握以及由其采取的行动达成了共识,给予了认同,不仅已经认识到司法权威对于保障权利和维护社会秩序的重要性,并且发自内心地认同和服从司法权威,司法受体的这种对司法权威的信服反过来对于司法权威的树立起到更加重要的作用。司法权威受体对于司法权威的认同和信服是自觉型司法权威的另一个最重要的特征。

2. 结论:自觉型司法权威模式

简而言之,通过对西方法治国家司法权威现状的概括和对这种司法权威的评价分析,我们可以得出这样的结论:西方法治国家的司法权威模式是一种自觉型的司法权威。以下将对西方法治国家如何树立这种模式的司法权威以及如何实现这种模式的司法权威从制度、程序机制和价值观方面作进一步深入的论述。

二、西方国家司法权威生成的制度基础

(一)外部制度基础:三权分立与制衡

1. 三权分立

司法权理论和分权制衡学说在西方源远流长,早在古希腊,亚里士多德就在《政治学》中提出了分权理论,他将国家权力划分为三要素,即议事、行政和审判三种职能,近代分权学说的渊源可追溯到此。古罗马的波利比阿在《罗马史》一书中,也论述了权力分立和权力制衡思想。近代司

法权和三权分立在洛克、孟德斯鸠、康德和汉密尔顿等思想家的著作中都有所体现。在《政府论》一书中，洛克阐述了他的三权分立思想，即立法权、执行权和对外权的分立。最为我们熟悉的是孟德斯鸠的三权分立学说，他认为"每一个国家有三种权力：（一）立法权力；（二）有关国际法事项的行政权力；（三）有关民政法规事项的行政权力"，他将这三种权力总结为立法权、行政权和司法权。① 他认为，三权分立是权力制衡的理想机制，为了防范权力的滥用，孟德斯鸠指出"如果同一个人或是由重要人物、贵族或平民组成的同一个机关行使着三种权力，即制定法律权、执行公共决议权和裁判私人犯罪或争诉权，则一切便都完了"。② 康德认为每个国家的权力都是由立法权、执行权和司法权组合而成的。③ 康德指出"不论是立法权或是执行权都不应该行使司法职务"。④ 资产阶级革命胜利后，西方各国对其权力结构作出了根本性的变革，司法权与立法权和行政权分开，并成立专门的司法机关来行使，从而对立法机关和行政机关进行有效的牵制。如今，西方各国普遍实行三权分立制度，立法权、行政权和司法权相互监督、相互制约，从而有效地克服权力扩张与滥用的问题。

但是，尽管联邦党人极力鼓吹三权分立、倡导司法独立，但他们也意识到，在立法权与行政权面前，司法权处于明显的弱势，"行政部门不仅具有荣誉地位的分配权，而且执掌社会的武力。立法机关不仅掌握财产，而且制定有关公民权利义务的准则。与此相反，司法部门既无军权、又无财权，不能支配社会的力量与财富，不能采取任何主动的行动。故可正确断言：司法部门既无强制，又无意志，而只有判断；而且为实施其判断亦需借助于行政部门的力量。"⑤司法权是三种权力中最弱的一项，因此，在国家权力运作的实践中，司法权很容易受到其他两种权力特别是行政权的侵

---

① ［法］孟德斯鸠著，张雁深译：《论法的精神》（上册），商务印书馆1959年版，第185页。
② ［法］孟德斯鸠著，张雁深译：《论法的精神》（上册），商务印书馆1959年版，第186页。
③ ［德］康德著，沈叔平译：《法的形而上学原理——权利的科学》，商务印书馆1991年版，第138页。
④ ［德］康德著，沈叔平译：《法的形而上学原理——权利的科学》，商务印书馆1991年版，第144页。
⑤ ［美］亚历山大·汉密尔顿、约翰·杰伊、詹姆斯·麦迪逊著，程逢如译：《联邦党人文集》，商务印书馆1980年版，第391页。

犯。为避免司法权受到侵犯,维护司法机关的必要权威,联邦党人提出了救济措施,为了保证司法权的应有权威,"故应要求使它能自保,免受其他两方面的侵犯。……是故除使司法人员任职固定以外,别无他法以增强其坚定性与独立性;故可将此项规定视为宪法的不可或缺的条款,在很大程度上并可视为人民维护公正与安全的支柱"①,并指出必须在限权宪法制度下保证法院的完全独立。这样,就以宪法的方式确认和保护了司法权和司法权威。

从上述论述中我们可以看出:在三权分立这一西方国家的基本政治制度中,立法权、行政权和司法权相互分立并制约。司法机关独立行使司法权,不隶属于议会,不受立法机关的监督。此外,司法权可以通过司法审查对立法权进行必要的监督。

2. 司法独立

(1)司法独立的由来及含义。包括司法权力在内的任何权力都来自国家主权,是由人民授予的。潘恩认为"一切管理国家的权力必定有个开端。它不是授予的就是僭取的。此外别无来源。一切授予的权力都是委托,一切僭取的权力都是篡夺"。② 只要是权力,就都有被滥用的危险,因此,除了合法的来源外,我们还必须对权力加以必要的分化和制衡,对权力"滥用和扩张"本性保持警醒,这也是提高权力运作效率、防范权力专断腐败的要求。康德认为每个国家的权力都包含立法权、执行权和司法权,三种权力相互合作,互为补充;同时也相互制衡,任何一种权力都不能逾越划定的界限去侵犯另一种权力,国家权力就是这样一种相互合作和制衡的组合体。然而要想让三种权力实现合理的协作和制衡,并非易事。司法权最为显著的特征在于其独立性。司法独立在西方已经有几百年的历史,在理论基础和实践传统上都有了很深厚的积淀,并且逐步形成一套司法独立的具体标准。概括而言,司法独立(或称之为审判独立)有着以下几个方面的基本要求:司法机关独立,裁判权只能由法院行使;法官职务独立,专由法官司职裁判;司法活动独立,在法定程序范围内,司法活动

---

① [美]亚历山大·汉密尔顿、约翰·杰伊、詹姆斯·麦迪逊著,程逢如译:《联邦党人文集》,商务印书馆1980年版,第391~392页。
② [英]托马斯·潘恩著,马清槐等译:《潘恩选集》,商务印书馆1981年版,第250页。

不受任何国家机关、政党、社会团体干涉。司法独立在客观上要求国家为法院和法官独立行使裁判权提供相应保障,从制度上保证裁判权的独立行使。① 权力必须依靠相应的主体才能行使。关于司法权的权力主体到底是双重(法院和法官)还是单一(法官或者法院),学者们意见不一。有的学者认为司法独立指的就是法官独立;有的学者则认为司法独立指的是法院独立;也有学者认为司法独立是既是法院的独立,也是法官的独立,是双重主体的独立。②

笔者认为司法独立要求双重主体的独立,既要求法院的独立,也要求法官独立。司法判决是法官以法院的名义作出,用德沃金的话说,法官和法院的关系是"王侯"与"首都"的关系,"法院是法律帝国的首都,法官是帝国的王侯,却不是它的先知或预言家"③,并且"只在仅仅服从法律的法院中,才能实现司法权的独立"。④ 司法独立首先要求司法机关能独立行使司法权,我国《宪法》规定"人民法院依照法律规定独立行使审判权,不受行政机关、社会团体和个人的干涉",这既是对法院独立行使审判权的授权,也是对其课以只服从法律的义务。法官独立是司法独立的另一项根本要求,"法官就是法律由精神王国进入现实王国控制社会生活关系的

---

① 有关司法独立的国际性文献主要有:《法治之下的法官与法律职业》《法官与律师保护社会中的个人之权益的职责》《波多黎各圣胡安宣言》《锡拉库杂司法独立原则(草案)》《亚洲与西太平地区司法独立东京宣言》《国际律师协会司法独立最低标准准则》《世界司法独立宣言》《司法独立基本准则》《关于受到公平审判和救济权利的宣言(草案)》《关于新闻媒体与司法独立关系的基本原则》《亚洲与西太平洋地区关于司法机关独立基本原则的北京声明》《贝鲁特宣言——第一届阿拉伯司法大会的建议》《英联邦哈布雷宣言》《议会至上与司法独立——英联邦拉提摩豪斯准则》等等。参见李昌林著:《从制度上保证审判独立——以刑事裁判权的归属为视角》,法律出版社2006年版,第350~351页。

② 李昌林在《从制度上保证审判独立——以刑事裁判权的归属为视角》一书中,对司法独立的主体问题进行了比较和分析,李昌林认为"在我国,一般认为我国的审判独立是法院集体独立,而不是法官个体独立"。见该书第5页。

③ [美]罗纳德·德沃金著,李常青译:《法律帝国》,中国大百科全书出版社1996年版,第361~362页。

④ [德]古斯塔夫·拉德布鲁赫著,米健、朱林译:《法学导论》,中国大百科全书出版社1997年版,第100页。

大门。法律借助于法官而降临尘世"。① 法官是司法权的实践操作者,马克思提出"法官除了法律就没有别的上司。法官有义务在把法律运用于个别事件时,根据他在认真考察后的理解来解释法律……独立的法官既不属于我,也不属于政府"。② 法官是根据"一定的法律"来审理案件的,这种审判是阳光下的公正审判,同时要受着"普遍原则的约束"③,也就是要求法官"在审判中,要能超脱一切爱、恶、惧、怒、同情等感情"。④ 司法活动中,法官只能依据法律对案件作出居中裁判,不能屈服于任何试图对裁判结果产生影响的权力意志。

现代意义上的司法独立应该从以下两个方面予以完整理解。第一,司法独立是法治国家的基本原则,司法机关按照既定程序,独立行使司法权,只服从宪法和法律,不受任何行政机关、社会团体或个人的干涉;第二,司法独立也是一项国际上公认的人权保护基本原则,"将特定的权利和保障载入国际文件和宪法性文件,其主要目的之一在于,这些文件对公民、法院具有教育上的影响,对公民而言,公民可以得知这些权利如此基本、如此重要;对于法院而言,必须强化保护这些价值准则的审判工作"。⑤ 我国签署的司法独立相关国际性文件要求我们必须积极履行承诺,承担司法独立这种国际性义务。

(2)司法独立的"制度悖论"及其解决。作为美国最高法院前大法官,伯格对司法专横和腐败保持着清醒认识。"一个具有终审权和对其判决不容讨论的法庭比任何别的机构更需要细致的监督"。⑥ 在强调司法独立和司法权独立的大背景下,司法权呈现出不断扩张的姿态,我们应该保持应有的清醒意识:权力是滋生腐败的温床,没有监督的权力必定招致腐

---

① [德]古斯塔夫·拉德布鲁赫著,米健、朱林译:《法学导论》,中国大百科全书出版社1997年版,第100页。
② 《马克思恩格斯全集》(第1卷),人民出版社1995年版,第180~181页。
③ 《马克思恩格斯全集》(第1卷),人民出版社1995年版,第181页。
④ [英]霍布斯著,黎思复、黎廷弼译:《利维坦》,商务印书馆1986年版,第20页。
⑤ [意]莫诺·卡佩莱蒂著,徐昕、王奕译:《当事人基本程序保障权与未来的民事诉讼》,法律出版社2000年版,第64页。
⑥ [美]鲍勃·伍德沃德、斯科特·阿姆斯特朗著,熊必俊、虞孝准、李士培译:《美国最高法院内幕》,广西人民出版社1982年版,第6页。

败。这就是司法独立的"制度悖论":为保障司法权的公正行使,保证司法权威,我们确实需要司法独立;但这也可能导致司法权不受约束,滋生另一种腐败,从而违背了司法独立制度的设计初衷。不可否认,过分强调司法独立会导致灾难性的后果,为了防范司法权力的腐化和滥用,我们必须寻求新的制度,从而对司法独立形成必要的制衡,以此规范司法权的正当行使,进而构建我们期待已久的司法权威。马克思的忧思不无道理,他认为"法官最可能表现出个人理性的不可靠"。① 培根也向法官提出了必要的警示:"为法官者也不可不知道他们自己的正当权利而以为他们的职务并不包括这主要的一项,就是贤明地行法施法。"② 我们应当意识到"法官必须判定的不仅仅是谁应得什么,还是应该判定谁的行为端正,谁履行了公民职责,谁蓄意或因贪婪或浑浑噩噩而忽视了自己对他人的责任或过分强调他人对自己的责任。如果判决不公正,社会就可能使某个成员蒙受一种道德上的伤害,因为这种判决会在某种程度或某个方面给他打上一个违法者的烙印。当无辜者被判定有罪时,这种伤害最为严重,但是倘若一个原告虽有合理要求而被法庭驳回,或者一个被告走出法庭是被强加以不应有的耻辱,那么这种伤害也够大了"。③ 波斯纳在这方面也提出过诚恳告诫,他指出:"司法独立问题是私人的问题也是社会的问题。法官希望独立就像学者希望得到确定的学术职位(tenure)一样。法官不想成为权势者的仆人。但如果独立性仅仅意味着法官按照他们的意愿来决定案件而不受其他官员的压力,这样一个独立的司法机构并不显然会以公众利益为重;人民也许仅仅是换了一套暴政而已。"④ 正因为司法裁判权力具有终极性,守护着社会公正的最后底线,我们更应对其引起高度警惕。目前,学术界及实务界对法院和法官独立的呼声仍在不断高涨,这也是司法职业化的必然需求。然而,我们必须认清我国的司法现实,明确我

---

① 《马克思恩格斯全集》(第1卷),人民出版社1995年版,第181页。
② [英]弗·培根著,水天同译:《培根论说文集》,商务印书馆1983年版,第197页。
③ [美]罗纳德·德沃金著,李常青译:《法律帝国》,中国大百科全书出版社1996年版,第1~2页。
④ [美]波斯纳著,苏力译:《法理学问题》,中国政法大学出版社1994年版,第8页。

国的司法传统,警惕"司法尚未独立,却已产生独裁"的理论与制度悖论。因为,在缺乏民主制度涵养的情况下,恣意宣扬司法独立,这很可能是一个危险的信号。

"法乃善良公正之术",司法作为保障社会正义的最后一道屏障,必须具备相应的公正和权威。司法独立不以其自身为目的,而是据以实现司法权威和社会公平的手段,从而为法制国家建设提供制度保障。司法独立体制体现了如下法治原则:任何个人、集团或者组织,不论其具有怎样的地位,都不能凌驾于法律之上。宪法中也有类似表述:一切国家机关和武装力量、各政党和各社会团体、各企业事业组织都必须遵守宪法和法律。一切违反宪法和法律的行为,都必须予以追究,因为"法律一经制定,任何人也不能凭自己的权威逃避法律的制裁,不能以地位优越为借口,放任自己或任何下属胡作非为,而要求免受法律的制裁"。①

司法独立并非是要赋予法院和法官以特权,其目的在于实现"法律面前人人平等"、"任何组织或者个人都不得有超越宪法和法律的特权",这一平等法治原则也体现了对法院和法官权力的必要约束,有利于我们构建司法权威。为了实现该原则,我们必须通过制度去规范和制约法院和法官的权力,防范司法恣意和专横。司法独立和防范滥用司法权二者都是构建司法权威的必要条件,就当前我国的司法现状而言,我们缺乏司法克制与谦抑的传统,突然放开手脚让司法机关完全独立,不能不说风险巨大。规范司法权的正当行使,防范司法权的滥用,是构建司法权威所提出的必要要求。

---

① [英]约翰·洛克著,叶启芳、瞿菊农译:《政府论》(下篇),商务印书馆 1996 年版,第 59 页。

(二)内部制度基础:司法主体独立与裁判权威

1. 法院和法官独立

司法独立是现代化司法的显著特征,也是司法权威的主要评价标准。司法独立的内涵不仅包括法官个体的独立,即法官的身份独立和实质独立,还包括法院的独立。同样,司法机关独立也不仅仅在于确保法官免受行政机关的压力或立法机关的干涉,它也应当包括法院的内部独立,即法官独立于其同事或上级。① 因此,必须从法院和法官这两个方面来保障司法独立,树立司法权威。

(1)法院具有独立地位。司法权专属于法院,其他任何机关都无权行使这一权力。在司法权行使过程中,"法院的上司只有法律",不受其他行政机关、社会团体和个人的任意干涉。具体而言:第一,法院独占地行使司法权。依据三权分立的理论,立法权、司法权和行政权分别隶属于立法机关、司法机关和行政机关,法院对司法权具有独占性和排他性。这一点早已被国际社会认可,如《关于司法机关独立的基本原则》就规定:"司法机关应对所有司法性质问题享有管辖权,并应拥有绝对权威就某一提交其裁判的问题按照法律是否属于其权力范围作出决定。"②第二,法院只服从于法律。法院的裁判活动只服从于法律,不受非司法要素的干涉,这对保证法院依法独立行使司法权而言是非常重要的,《关于司法机关独立的基本原则》就规定:"司法机关应不偏不倚,以事实为根据并依法律规定来裁判其所受理的案件,而不应有任何约束,也不应为任何直接间接不当影响、怂恿、压力、威胁或干涉所左右,不论其来自何方或出于何种理由。"③"不应对司法程序进行任何不适当或无根据的干涉;法院作出的司

---

① 肖建国:《司法公正的理念和制度研究》,中国人民公安大学出版社 2006 年版,第 134 页。
② 《关于司法机关独立的基本原则》,1985 年 8 月 26 日至 9 月 6 日在意大利米兰召开的第 7 届联合国预防犯罪和罪犯待遇大会通过,第 3 条。
③ 《关于司法机关独立的基本原则》,1985 年 8 月 26 日至 9 月 6 日在意大利米兰召开的第 7 届联合国预防犯罪和罪犯待遇大会通过,第 2 条。

法裁判也不应加以修改。"①第三,司法行政权独立。司法行政是相对于审判而言的,它是法院除诉讼活动外的一些事务,法院为了维持正常的运转必须对这些司法行政事务作出处理。一般而言,司法事务包括两个方面:"一是'法院层次上的司法行政',如将案件分派给某一法官或法院内的某一部门负责审理,确定开庭的日期和地点,对法院内受理和审结案件的情况予以统计和上报等,均属法院内部日常行政事务;二是'中央层次上的司法行政',即涉及整个法院系统正常运转的事务,如法院的基础设施和装备,法院经费的预算和支付方式,司法官员的任命、升迁、监督、弹劾등。"②这两种事务中,前者是专属于法院处理的,而后者会有行政机关的参与,这就有可能对司法独立产生影响。因此,在制度设计上应将对行政机关对司法行政事务影响控制在一个必要和合理的范围内,以确保司法机关独立的地位。

(2)法官具有独立地位。"法官除了法律就没有别的上司。……法官的责任是当法律运用到个别场合时,根据对法律的诚挚的理解来理解法律。"③关于法官独立的内容,美国学者西蒙磕·斯特里特认为,"完整意义上的法官独立包括三个层次的含义:一是实质独立,二是身份独立,三是内部独立"④。具体而言:第一,保证法官实质独立。法官的实质独立是指法官的裁判要以事实为依据,按照法律规定的程序适用法律,不受其他机关和个人的干涉。法官要作出公正的裁判,一方面要保持中立,另一方面也要提高自身道德素质和专业素质,摒除个人情感和偏见。"如其囿于自我主观之私见,或为个人野心提高自己的声望或畏惧批评,而投时人之所好;或为自己所属党派或自己利益而徇私;或以个人信仰或好恶而枉法等,均系自我干涉之适例。必具有富贵不能淫、威武不能屈,贫贱不能移的大无畏精神,加上丰富的学养,才能独立于自我之外,不受自我的干

---

① 《关于司法机关独立的基本原则》,1985年8月26日至9月6日在意大利米兰召开的第7届联合国预防犯罪和罪犯待遇大会通过,第4条。
② 陈瑞华:《刑事审判原理论》,北京大学出版社1997年版,第172页。
③ 《马克思恩格斯全集》(第1卷),人民出版社1995年版,第178页。
④ 肖建国:《司法公正的理念和制度研究》,中国人民公安大学出版社2006年版,第150页。

涉。"①第二，保证法官身份独立。法官的身份独立是其不受其他机关控制和影响的重要保障。法官的身份独立主要从下面几个方面进行保障：其一，法官任职实行终身制，非因法定原因或到达法定退休年龄，法官的任职不得终止。法官的退休年龄不得随意改变。其二，非因法定期轮换制度或者司法部门的统一政策，法官原则上不被调任。其三，法官的薪金得到保障，无论在任职期间还是退休之后，法官都得到较高的薪金收入，以保障获得与其地位相适应的生活，法官的生活品质不会因退休而受到降低。第三，保证法官内部独立。法官的内部独立是指法官的裁判过程应当建立在事实、法律和自我的良心之上，以维护当事人的权利为己任，不受同级及上级法官和法院的干涉和影响。《司法独立最低标准》第47条规定："法官在作成裁判之过程中，应独立于其同僚及其监督者。"②

2. 司法裁判结果公正

司法公正和司法权威相互关联，密不可分。司法公正，人们就会信赖、信任司法，司法在社会中也就具有了权威；反之，司法不公，人们就会丧失对司法的信赖，司法在社会中的权威就不复存在。司法公正的直接表现是司法裁判结果的公正。司法裁判结果公正，又称实体公正，是法院通过审判所要达到的一种理想状态，它通过法官准确地查明案件事实和正确地适用法律来达到。

(1) 认真地查明案件事实。事实认定是法官适用法律的基础，任何判决的作出，都必须以案件事实的认定为依据。在诉讼过程中，只有通过证据活动才能查明案件的事实。证据活动的主体包括当事人和法官。当事人为了证明自己的主张，获得法官的认定，必须按照法律规定向法庭提交证据材料。出于对自己诉讼利益的考虑，当事人会尽力地积极提交对自己有利的证据材料；法官要在庭审中组织当事人对证据材料进行质证，并在此基础上经过审查判断，对证据的证明力及证明的事实作出鉴别。能否查明案件事实，取决于法官对证据材料的审查判断能力，这就要求法官必须具有良好的专业素质和高尚的职业道德。

(2) 正确地适用法律。适用法律，是指法官在查明案件事实的前提

---

① 廖一人：《现代司法制度》，台北黎明文化事业公司1982年版，第7~8页。
② 《司法独立最低标准》，1982年10月22日国际律师协会第19届年会通过。

下,将事实与法律规定的构成要件相联系,按照三段论的形式来进行逻辑推理并得出相应结论的过程。"法官有责任按照某一明显应适用于一个诉讼案件的法律规则来审判该案件。在这种性质的情形中,形式逻辑是作为平等、公正执法的重要工具而起作用的。它要求法官始终如一地、不具偏见地执行法律命令。"①因此,要正确地适用法律,法官必须具备丰富的法律知识和严谨的逻辑理念。

法官适用的法律是静止的,如何使静止的法律落实到真实的社会生活,需要法官的具体工作,又由于法律本身的局限性,法官在适用法律的时候不可避免地会行使到"自由裁量权"。关于自由裁量,德沃金支持法官的弱式自由裁量而反对强式自由裁量,他认为强式自由裁量往往会使得法官完全按照自己的意志自由裁判而损害人民的权益,损害一国的民主与法治。所以法官的自由裁量权应当被予以适当限制:在遇到一国现行的法律规则未规定或难以确定其含义的疑难案件时,法官必须以原则、政策等其他标准为依据来进行判断,而不能没有边缘地任意决断。② 法官享有自由裁量权对法律的适用来说是必不可少的,但是自由裁量权存在被滥用的可能,为了保障其在合理的范围内被正当地使用,除了提高法官的法律和道德素养外,在制度上也要规范其行使。只有赋予并限制法官的自由裁量权,法律才能灵活地、能动地适用于纷繁复杂的社会生活,才能在个案中实现公平正义,从而维护司法权威和国家法治。

3. 司法裁判具有终局性

"司法……终极性表明了其效力。司法是法治的最后一道防波堤,在司法判决作出之前不允许其他权力指手画脚,在司法判决作出之后不允许其他权力再说三道四。"③司法的终极性是司法权威实现的重要保障。司法权威要求社会对其尊重、信赖与服从,司法拥有这种力量的源泉之一就是裁判的终局性和稳定性。只有司法裁判具有终局性和稳定性,社会

---

① [美]E. 博登海默著,邓正来译:《法理学——法律哲学与法律方法》,中国政法大学出版社 2004 年版,第 478 页。
② [美]罗纳德·德沃金著,潘汉典译:《论规则的模式——略论法律规则与原则、政策的法律效力,批判实证主义》,载《法学译丛》1982 年第 2 期。
③ 徐显明:《依法治国与司法体制改革研讨会发言》,载《法学研究》1999 年第 4 期。

公众才会认为诉讼是维护自己合法权益的理性途径,才会体会到法律和司法的公正,才会信任司法的权威。"相反,如果'朝令夕改',法院随意可以撤销已经生效的裁判,那么司法裁判程序将永远没有一个最终结束之时,利益争端将长期得不到终局性解决,国家建立司法裁判制度的意义也就丧失殆尽。另一方面,随意逆向运行的司法裁判程序还可能使当事人反复陷入诉讼的拖累之中,其利益和命运长期处于不确定和待裁断的状态。"①

当然,裁判的终极性也不是绝对的,因为,法院和法官会可能由于自身因素以及法治环境的因素而作出错误的裁判,这就需要设立监督程序对此进行纠错,但是这种以破坏裁判终极性的纠错程序必须严格依照法律规定的进行,并且应当被限制在合理的范围使用,否则就会影响到司法的权威地位。

4.司法裁判具有执行力

司法裁判是司法权行使的结果,司法裁判能否被执行即是否具有执行力,直接影响着司法权威的实现。司法裁判的执行是指法院运用国家强制力,将其作出的生效的裁判及其他具有执行内容的法律文书付诸实现的过程。

发生法律效力的司法裁判如果得到了当事人的自觉履行,就意味着司法裁判权威的实现,反之,如果当事人不自觉履行司法裁判的结果,认为裁判结果可以通过非司法的途径予以改变从而逃避或者拒绝执行的话,那就必然导致司法权威性的丧失。当当事人和社会公众不自觉履行生效裁判的时候,"法律的牙齿"就会出现,法律会通过强制性的力量来实现裁判的内容,进而维护司法的权威。而只有在司法具有足以使人们信服的权威时,人们才会自觉地履行司法裁判的结果。总而言之,司法裁判的执行力与司法权威是相互联系、相互影响的互动关系。

---

① 陈瑞华:《司法权的性质——以刑事司法为范例的分析》,载《法学研究》2000年第5期。

三、西方国家司法权威生成的程序机制基础

(一)程序正义

1. 程序正义的释义

"程序的正义观念是以发生、发达于英国法并为美国法所继承的'正当程序'(due process)思想为背景而形成和展开的。"①"程序正义"原则所表达出的理念是对人的主体性的认知与尊重,正因为如此,人们对程序的"正当性"的关注经久不衰。约翰·罗尔斯把程序正义作为一个独立的范畴来加以重视,区分为纯粹的(pure procedural justice)、至善的(perfect procedural justice)和不完善的(imperfect procedural justice)程序正义。② 在纯粹的程序正义的场合,一切取决于程序要件的满足,不存在关于结果正当与否的任何标准,无论结果如何都被认为是公正的也是正义的。至善的程序正义是指我们既有一个决定公正分配的独立标准,同时又有可行的程序达到该标准。不完善的程序正义是指虽有独立的标准,却没有可行的程序、绝对保证得到预期的结果,司法审判便是一例。他从自然正义的准则的角度出发,指出:"如果法律是向理性人提出的指令的话,法庭就必须考虑以某种适当的方法来运用和贯彻这些规范;就必须作出有意识的努力来确定一个违法行为是否已经发生,是否要对它处以正确的惩罚。所以,一个法律体系必须准备按照法规来进行审判和受理申诉;它必须包括可保障合理审查程序的证据法规。当在这些程序方面出现偏离时,法治要求某种形式的恰当程序,即一种设计合理的、以便

---

① [日]谷口安平著,王亚新、刘荣军译:《程序的正义与诉讼》,中国政法大学出版社 2002 年版,第 4 页。
② [美]约翰·罗尔斯著,何怀宏等译:《正义论》,中国社会科学出版社 1988 年版,第 236 页。

用与法律体系的其他目的相容的方式来弄清一个违法行为是否发生、并在什么环境下发生的真相的程序。例如法官必须是独立的、公正的,而且不能判决他自己的案子。各种审判必须是公平的、公开的,不能因公众的吵闹而带有偏见。自然正义的准则要保障法律秩序被公正地、有规则地维持。"① 罗尔斯的这段论述意在说明:公正的法治秩序是正义的基本要求,而法治取决于一定形式的正当过程,正当过程又主要是通过程序来体现的。因此,应当在承认实质正义或实体正义价值的同时,强调程序本位,因为"无论在理论的逻辑上,还是在实践的逻辑上,都可以说,没有程序就没有制度,没有程序正义优先就没有现代法治意义上的制度正义"。②

2. 程序正义与司法权威的建构

程序正义对于法治的意义已经成为一种共识,进入司法领域程序正义就转化为了司法程序的问题,进而程序与司法权威的关系就转化为了司法程序与司法权威之间的内在关系问题。那么,司法程序与司法权威之间是一种什么样的关系呢?说到底,司法权威来源于法治权威,而法治权威来源于法治的正当性。哈贝马斯认为法治的正当性来自民主程序,即在社会决策程序中把话语与决策程序相结合(如投票程序、话语认知程序、立法程序、司法程序等),实现平等对待。法律之为正当与合法在于能够使公民的私人自主和公共自主同时实现。法律的正当性来自自我赋予和拘束力,沟通产生法律,而非决断产生法律。司法程序本身产生的正当性具有超越个人意思和具体案件的处理,在制度层面上得到结构化、一般化的性质,因此日本学者谷口安平认为:"人们判断审判结果的正当性一般只能从制度上正当性程序是否得到了保障来看。如果法院在制度性的正当程序方面得到了公众的信赖,自己的决定也就获得了极大的权威。在日本,立法机关和行政机关对裁判所的判决非常敏感,就是因为裁判所

---

① [美]约翰·罗尔斯著,何怀宏等译:《正义论》,中国社会科学出版社 1988 年版,第 236~237 页。
② 郑成良:《法律之内的正义——一个关于司法公正的法律实证主义》,法律出版社 2002 年版,第 188 页。

在社会上享有这种从广义的程序中产生出来的权威。"①这段论述形象地阐释了司法程序与司法权威的内在联系,现代司法的权威是以其在程序上受到的诸多限制为基础的。

如何认识司法程序呢?对司法程序的认识离不开对程序本体的认识,程序的本体认识论有两种观点,即程序工具主义和程序本位主义。而无论哪种观点,程序对于结果公正都必须具有正当性基础,按照程序本位主义的观点,程序"所谓的正当性就是正确性。这里说的正确包含有两层意思。一是结果的正确,另一则是实现结果的过程本身所具有的正确性"②。在谈及程序正当衡量标准时,美国法哲学家戈尔丁指出"我们既不能详细讨论每一项标准、也无法考虑对解决纠纷的其他诸形式来说每一项标准是否需要或者应当如何加以质定"③,为方便起见,戈尔丁列举了程序公正的三个标准即程序的中立性、劝导性争端、解决。丹宁勋爵对正当程序的解释是"我所说的'法律的正当程序',系指法律为了保持日常司法工作的纯洁性而认可的各种方法:促使审判和调查公正地进行,逮捕和搜查适当地采用,法律救济顺利地取得,以及消除不必要的延误等等"。④

正当的程序必须满足正义的要求,而程序正义是司法公正和司法权威的逻辑起点,司法一旦缺失了程序过程的公平与客观,那实际上就为一切司法任性和专横的产生埋下了祸根。⑤ 没有司法公正的程序,或者程

---

① [日]谷口安平著,王亚新、刘荣军译:《程序的正义与诉讼》,中国政法大学出版社2002年版,第10~第11页。
② [日]谷口安平著,王亚新、刘荣军译:《程序的正义与诉讼》,中国政法大学出版社2002年版,第9页。
③ [美]马丁·P.戈尔丁著,齐海滨译:《法律哲学》,生活·读书·新知三联书店出版社1987年版,第240页。
④ [英]丹宁勋爵著,李克强、杨百揆、刘庸安译:《法律的正当程序》,商务印书馆1984年版,第1页。
⑤ 号称世纪审判的美国辛普森案是程序优位的典型例证。当时社会舆论普遍认为辛普森是杀妻的凶手,但检方向法官提交的证据是警察在申请搜捕状之前翻墙进入后从辛普森家取得的,取证程序不合法,其证据不能作为定罪依据,因而即使全美国人都认为辛普森是杀人凶手,由于程序违法也只能宣告辛普森"罪名不能成立"(民事诉讼仍判决赔偿),作为维持司法公正的陪审团因证据缺乏"超越合理怀疑"而坚持了程序正义原则。

序得不到严格遵循,即使做到了实体公正,也很容易引起人们的怀疑和猜测,对司法过程的任何怀疑与猜测都是对司法权威的极大损害。现代司法程序的"正当性"包含的程序性价值形态应当具有普遍性。它可以构成判断不同程序规则合理性的基本依据。"行为需要有各种标准。其中,就司法来说,一个标准是法律所规定的一种行为尺度,离开这一尺度,人们就要对所造成的损害承担责任,或者使他的行为在法律上无效。"[①]因此,公正的诉讼程序的设计要符合诉讼的客观规律,能够正确处理好公平与效率的关系。尽管中外司法制度不尽相同,对程序、程序正当性和程序正义有着不同的理解,但可以总结出一个共同点:存在一些独立于结果的程序正义的标准和原则,司法程序的设计要遵从这些原则和标准。司法权威不仅要依靠程序正义来保障,而且也必须从程序权威中体现出来。"程序正义的观念即使不是赋予审判正当性的唯一根据,也应当被认为是其重要根据之一。"[②]只有通过正当的诉讼程序行使的司法裁判权才具有合法性,产生的裁判结果才具有权威性。通过正当的程序,司法裁判的结果更容易获得人们的支持和接受,即使他们对裁判的内容不满意,也不得不接受程序化的结果。反之,如果程序设计不合理,裁判就没有公正、效率的保证,也就没有权威的保证。

(二)程序理性

1.程序理性的释义

法律有其形式的一面,法律强调适当的程序乃在凸显法治的程序理性,不具此一理性则不足以应付广泛的情境与问题。无程序理性则不能有普遍客观的行为架构,从而行为的合法性无以肯定。此即是说,国家所追求正当的目的必须以无损于目的的合理手段去实现,而不能为目的而不择手段,因为理性的经验知识已经确认:好的目的不是使用坏手段的理

[①] [美]罗·庞德著,沈宗灵、董世忠译:《通过法律的社会控制——法律的任务》,商务印书馆1984年版,第26页。

[②] [日]谷口安平著,王亚新、刘荣军译:《程序的正义与诉讼》,中国政法大学出版社2002年版,第10页。

由,不正当或不合理的手段对正当合理的目的具有破坏作用。①

以诉讼程序为例,法院的判决得依当事人的声明,并在赋予其充分的攻击或防御方法的前提下,经过充分的辩论而作出。而当事人的攻击或防御方法得在言词辩论终结前提出,故双方当事人在法院为言词辩论时,各应将其提出的攻击或防御方法毫无保留地全部提出,然后由法院判断后作出判决。当事人在言词辩论终结前将其本应提出的攻击或防御方法不予提出,留待判决确定后再据以另行主张,不仅有违诉讼经济的原则,且更影响判决的安定性。因此,当事人得提出而未提出的攻击或防御方法,如当事人不提出,不论其知悉与否,也不论未提出有无过失,均丧失其提出的权利。如此做法可能会无法发现真实的事实与法律关系,却能促使当事人尊重程序的运作,提高程序的效率。

2. 程序理性的最基本要求——尊重人性尊严

(1)人性尊严的法律含义。我们在日常生活中使用的"人性尊严"一般是指基于人性希望获得社会大众认同与尊重的欲求。德国学者对人性尊严从两个方面对其作了法律定义,一是从正面积极地去解说"人性是什么",二是从反面去描述"人性尊严何时受到伤害"。前者所作的定义很抽象:"人性尊严与时间和空间均无关系,而是应在法律上被实现的东西。它的存在基础在于,人之所以为人,乃在于其心智,这种心智使其有能力与非人的本质脱离,并基于自我的决定去认识自我,决定自我,形成自我。"后者是从人性尊严受到侵害的角度来下定义,德国联邦宪法法院所采用的物体公式是典型代表。所谓物体公式是指当一个具体的人被贬为物体、实现目的的手段或可替代性的数值时,人性尊严已受到伤害。因为一个人既被物化为物体、手段或数值,自然不必在意其精神、意识,更何况什么自治、自决了,因而极易成为他治、他决的客体,自然会构成对人性尊严的严重伤害。②

(2)人性尊严的本质解析。①人的主体地位。人民在国家秩序下绝

---

① 罗传贤:《行政程序法基础理论》,台湾五南图书出版公司1993年版,第6~第7页。

② 黄桂兴:《浅论行政法上人性尊严理念》,载城仲模主编:《行政法之一般法律原则(一)》,台湾三民书局1994年版,第10~12页。

不仅是受统治的客体,而是以主体的地位构成国家秩序的要素,并参与国家秩序的形成。当人民被国家机器视为客体或手段时,当然无法在权利运作中被置于第一位来考虑,人民意志将因此无从自由形成与发展,又何来人性尊严的保障。②人的最后目的性。康德把人当作目的的人性观无疑对人性尊严观念的诠释影响甚大。他以人类理性本质深化人性尊严,并以道德上的自治为重要的准则。因为自治是人性和一切有理性事务的尊严基础,对于这种尊严的尊重,基本上即是要求不要把人看作只是一种工具或手段,而是永远的目的本身。① ③自治与自决系人性尊严的核心内涵。自治与自决为人性尊严的本质及核心内容是相对于被操控的他治或他决而言的,与个人本身即为目的的概念是互为表里的。Guenter Duerig 认为当一个人被物化为物体、手段或数值时,自然不必在意其精神、意识,更何况什么自决、自治之类,因而极易成为他治、他决的客体。② 古典自然法学思想中有所谓:属于"人自己"的,应给予之。至于何者属于人自己的基本上应依自治自决的范围,至于细化则有赖于学说和司法事务就个案进一步具体化。③ ④人性尊严之生命权确保的绝对性与平等性。生命权是所有其他一切基本权利的前提,如果生命不存在,其他基本权利也就无所依附,而无法发挥其应有的效用与功能。因此,生命权的确保是维护人性尊严的第一要务,不得假借任何手段或名义加以差别对待,否则,即有损人性尊严的最高价值性。⑤人性尊严的与时俱进。人性尊严的意涵并不是固定不变的,而是必须与时俱进、时时调整的,不同时代、不同社会所呈现的人性尊严的内涵也是不同的。

3. 程序法制之人性尊严

人性尊严具有最高的法价值性,是所有法规范的最上位宪法原则。在人民的程序保障上,所要求的程序主体性、平等处理、保持弹性等原则,都与人性尊严的内涵相当,换言之,完整机制的基本要求不但不能背离人性尊严,而且更应该积极地通过程序设计和运作成就人性尊严的实现。

程序的进行本来以当事人及关系人的参与为中心,若不以人性尊严

---

① 李震山:《人性尊严与人权保障》,台湾元照出版公司2009年版,第37页。
② 李震山:《人性尊严与人权保障》,台湾元照出版公司2009年版,第37页。
③ 李震山:《人性尊严与人权保障》,台湾元照出版公司2009年版,第38~39页。

为程序设计的重点,必然疏离参与者参与程序的结合关系,使参与者丧失对程序的信赖感与参与感,则其形成的结果也必然无法满足宪法保障人民程序权利的要求。即使在程序的设计及运作上不能,也不应该忽视其人性尊严的要求,否则,程序的正当性将无可求。

国家行为的结果可能涉及人民的基本权利。传统的对人民权利的保障是着重实体层面上,也就是在界定的基本权的保护领域内来探讨国家在什么样的情形下,可以限制人民的基本权利。此外,也必须来探讨国家的限制行为,必须要受到哪些公法原理原则的拘束。然而,国家行为会出现什么样的结果,有时候是很难预测的,因此,如果能在国家决定做成前导入程序的运用,让人民能通过程序的参与来预测国家可能会作出什么样的决定,而不致于让人民有"遭到突袭"的感觉。因此,让人民有参与程序的机会,是对人民权利更进一步的保障。赋予人民参与程序的机会,人民即不再成为国家行为的客体,并且参与本身即为一种价值。

(三)程序主体平等

1. 程序主体平等原则释义

程序主体平等原则的基本要求是:(1)程序参与者受到司法机关平等的对待;(2)司法程序的主持者(法官)不得与程序参与者任何一方存在利益关系。平等就是同样的情况同样处理,也就是"相同","因此,习惯上正义被认为是维护或重建平衡或均衡,其重要格言常常被格式化为'同样情况同样对待'(treat like cases alike)。当然,我们需要对之补上'不同情况不同对待'(Treat different cases differently)。"① "人们至少有理由期望,在作出关于他们的判决前,法院听取其意见,即他们拥有发言权"②,所谓的发言权,是指程序的参与者在相同的条件下有权从程序的主持者那里获得相关信息并有相同的机会陈述和表达自己的意见和看法,戴维·米

---

① [英]哈特著,张文显等译:《法律的概念》,中国大百科全书出版社1996年版,第157页。
② [美]迈克尔·D. 贝勒斯著,张文显译:《法律的原则——一个规范的分析》,中国大百科全书出版社1996年版,第35页。

勒指出"在公共生活中得到遵循的程序也许会一方面增强人们对他们自己作为平等的公民的理解,要不然在另一个方面就会导致某些群体感到被贬低或者被侮辱"。① 与程序的结果有利害关系或者可能因该结果而蒙受不利影响的人,都有权参加该程序并得到提出有利于自己的主张和证据以及反驳对方提出之主张和证据的机会。而这就是司法诉讼的"参与命题",日本学者谷口安平很好地阐释了 L. 富勒提出的"参加命题",指出"利害关系者的参加在为了达到具有拘束力的决定而设计的种种制度中(如立法、行政等),是最足以表现司法典型性的特征"②。"但是要注意,程序不能简单地还原为决定过程,因为程序还包含着决定成立的前提,存在着左右当事人在程序完成之后的行为态度的契机,并且保留着客观评价决定过程的可能性。另一方面,程序没有预设的真理标准。程序通过促进意见疏通、加强理性思考、扩大选择范围、排除外部干扰来保证决定的成立和正确性"。③

2. 程序主体平等与司法权威建构

在司法通过程序化运作的过程中,司法程序向社会明示的是确定的行为规范和统一的评判标准,从而将司法的公平、自由、平等和秩序等价值进行公开化的宣示,形成一种理性的当事人权利保障机制。如民事审判中双方当事人诉讼地位的平等、诉讼关系平衡的诉讼模式,刑事审判中控、辩、审三方相互制约的等腰三角形的格局,使诉讼参与者感觉受到平等对待,从而从心理上更容易接受司法裁判结果,而公正的裁判结果,更在全社会形成一种倡导平等的理念,保障司法的权威。

(1)当事人地位平等。程序主体平等原则要求当事人在程序意义上具有对等地位,即当事人都是诉讼主体,都享有诉讼权利和诉讼义务。无论在事实的认定上还是事实的评价上,纠纷双方或原被告双方,一般存在明显的对抗。法院在程序上给案件当事人同等的关怀和尊重,为纠纷各方提供一个平等参与司法裁判、平等对法院施加影响的基本条件,即使对

---

① [英]戴维·米勒著,应奇译:《社会正义原则》,江苏人民出版社2001年版,第112页。
② [日]谷口安平著,王亚新、刘荣军译:《程序的正义与诉讼》,中国政法大学出版社2002年版,第11~第12页。
③ 季卫东:《法治秩序的建构》,中国政法大学出版社1999年版,第12页。

那些依法追究刑事责任的人也必须尊重其人格尊严,唯有如此,公众对司法机关、对国家的司法制度才会自觉尊重和信任,唯有如此,才会建构起司法权威。司法程序结构设计要求是为原被告双方提供充分、平等的发言机会,都有权充分陈述本方的事实和理由,都有权提供证据并对对方所提出的证据进行质证。因为,"无论一个人多么无知,但有一件事情他比任何人都更有发言权,这就是自己的鞋子在什么地方夹脚",而且"正因为了解自己问题的是个人,即使他不识字或者在其他方面不老练,与任何贵族概念相对立的民主观念正在于,每一个人都必须以这样的一种方式受到主动地而不是被动地咨询,以至他本人成为这个权力过程以及社会控制过程的一个组成部分,以至他的需要与愿望有机会被以某种方式记录下来,从而影响社会政策的制定"。① 如诉讼参与人地位不平等或不能得到公平的对待,当事人则会产生强烈的不公正感,会"感到其权益受到忽视,道德主体地位遭到否定,人格尊严遭到贬损"。②

(2)裁判者中立。程序主体平等原则要求案件的裁判者在诉讼过程中必须保持中立,即对程序主持者的"正当"要求。事实上,司法过程说到底就是一个权力运行的过程,法官与当事人相互之间的地位问题是一切诉讼制度的中心问题,它揭示了诉讼与人类历史上对一些重要的政治、思想问题不断变化的解决方式之间的密切联系。"自然公平的第一个原则是:任何人都不得在与自己有关的案件中担任法官。如果负有司法职责的人与审判程序的结果有着利害关系,那么他必定会被认为有偏袒一方的嫌疑"③,裁判者仅仅是案件事实的判决者以及适用法律的判断和裁判者,而不是利益的代表者,因此,必须对控辩双方平等对待,不能带有任何偏见和好恶。裁判者的这种中立性可以通过程序主持者的资格认定、回避制度以及权力制约等一系列的制度设置来保证。

(3)信息公开平等。美国学者贝勒斯在论述诉讼平等原则时,将证据

---

① [美]杜威著,孙有中等译:《新旧个人主义:杜威文选》,上海社会科学院出版社1997年版,第24~25页。
② 陈端洪:《法律程序价值观》,载《中外法学》1997年第6期。
③ [美]彼得·斯坦、约翰·香德著,王献平译:《西方社会的法律价值》,中国法制出版社2004年版,第112页。

(信息)问题作为重要的内容之一。按照贝勒斯的理解,诉讼平等主要在三个领域发生:①解决争执者应该保持中立;②审理案件过程中,双方应该提供信息(证据);③各方起码应知道他方提供的信息(证据),并有机会对之发表自己的意见。从这个意义上来看,没有信息(证据)的公开与交换,就不会有公平的审理,也就不会有公平的诉讼。①

(四)程序公开

1.程序公开原则释义

"没有公开则无所谓正义。"②"正义不仅应得到实现,而且要以人们看得见的方式加以实现(Justice must not only be done, but must be seen to be done.)"。这两句格言的意思是说,案件不仅要判得正确、公平,并符合实体法的规定和精神,而且还应当使人感受到判决过程的公开、公正与合理性。公正的制度及其操作程序作为一个可明显感知的效益系统,其效益程度也就在实际上反映着公众对公共权力的信任程度,它是检验司法权力及其公信力的客观指示器。③

司法最基本的职能就是裁判纠纷,人们请求或者诉诸司法的目的就是依赖司法机关作出终极性的裁判。一般情况下,胜诉方会认为判决结果是公正的,而败诉方则可能认为判决结果对自己不公。排除感情方面的因素,判决的被接受需要社会公众对司法的信任和对法院的最终裁判的认可,公众的认同意味着当事人对司法人员作出的判断结论的认同和服从,这也就是司法权威。彼得·斯坦和约翰·香德把程序公开上升到了一个"自然公平"的高度,他们认为"自然公平的第二个原则是:必须给予诉讼当事人各方充分的机会来陈述各方的理由。这意味着必须将诉讼

---

① [美]迈克尔·D.贝勒斯著,张文显译:《法律的原则——一个规范的分析》,中国大百科全书出版社1996年版,第36页。
② [美]哈罗德·J.伯尔曼著,梁治平译:《法律与宗教》,生活·读书·新知三联书店出版社1990年版,第48页。
③ 王翠英:《现代公信力的道德价值》,载《光明日报》2005年7月26日。

程序告知他们并及时通知其任何可能受到的指控,以使当事人能够准备答辩"①。公开、透明是对程序本身的要求,也是程序法治的要求。

2. 程序公开与司法权威建构

司法过程中存在一个"事实性"与"规范性"的张力问题,司法程序在结构上应当遵循通过理性说服和论证作出决定的要求,不能恣意、专断地作出裁判。程序法存在的价值之一就在于为法律行为提供明确的指引。黑格尔认为"根据正直的常识可以看出,审判公开是正当的、正确的",因为"公民对于法的信任应属于法的一部分,正是这一方面才要求审判必须公开。公开的权利的根据在于,首先,法院的目的是法,作为一种普遍性,它就应当让普遍的人闻悉其事;其次,通过审判公开,公民才能信服法院的判决确实表达了法"。② 程序公开原则的核心是通过一系列的程序机制(包括程序原则和程序制度)限制法官的自由裁量权,尽可能地保证法官理性化地行使自由裁量权,消除或者避免所谓的"隐形程序"。所谓"隐形程序"主要是指法院内部的请示、批示、经验总结以及审判惯例等,当事人无法查阅、无从知晓,却起着很重要的作用,有时甚至成为法官审理案件的首选规则,客观表现就是司法裁判的"暗箱操作",容易成为司法不公和滋生司法腐败的温床。"一种公平的程序必须是一种开放的程序,在其中运用的规则和标准对它们所运用的人们而言是透明的。"③公开分为直接公开与间接公开。前者指公民直接到法庭旁听,后者指公民通过新闻媒体报道了解诉讼进行情况。无论是直接公开还是间接公开,目的都是最大限度地实现公民对司法所享有的知情权,要公开审判过程、公开裁判理由、公开裁判结果,增强司法透明度,让公众形成合理的司法期待,增进司法的可接受性和司法权威。其中,裁判理由的公开是司法程序公开的重要环节,"陈述判决理由是公平之精髓。在现代民主社会中,越来越多

---

① [美]彼得·斯坦、约翰·香德著,王献平译:《西方社会的法律价值》,中国法制出版社2004年版,第112~113页。

② [德]黑格尔著,范扬、张企泰译:《法哲学原理》,商务印书馆1961年版,第232页。

③ [英]戴维·米勒著,应奇译:《社会正义原则》,江苏人民出版社2001年版,第110页。

的人承认,受到判决的人有权知道判决是如何作出的"①。这是因为:"法律领域中,给出判决理由受到高度推崇,这也是应该的。没有判决理由,就无法保证判决不具任意性或不公平性,人们也就无法计划自己的事情了。"②

当然,司法程序公开并不是绝对的,在公开审判过程中,同样有秘密性的限制。《公民权利和政治权利国际公约》第14条第1款对不公开审理案件的范围作了列举行性的规定:"由于民主社会中的道德的、公共秩序的或国家安全的理由,或当诉讼当事人的私生活的利益有此需要时,或在特殊情况下法庭认为公开审判会损害司法利益因而严格需要的限度下,可不使记者和公众出席全部或部分审判。"实践中,各国法律普遍规定了不公开审判的条件,法院可以酌情对参与旁听和媒体报道进行限制。此外,大多数国家对法官评议案件的过程实行保密规定,保证法官能够依照自己的理性平等地发表自己的裁判理由和意见,唯有如此,法官才能公正、理性、客观、不受干扰地对案件作出公正裁判。

(五)程序制约

1.程序制约原则释义

法谚云:"程序之与权力,犹如牢笼之与猛兽。"人们运用权力但又不得不防范权力。司法是一种裁判权,裁判当然就离不开法官的自由心证。而自由是一把双刃剑,法官对证据的判断亦是如此。这是因为"法官也不是完人,他们可能错判,从而造成冤案。……在许多案件里,错判可以通过上诉得到纠正,不过,有些错判则不能。造成这些错判的原因可能是由于无知、无能、偏见甚至是由于恶意。这些可能使诉讼当事人增加负担、担惊受怕和遭受损害。在其他许多行业里,疏忽大意有可能引起一场要

---

① [美]彼得·斯坦、约翰·香德著,王献平译:《西方社会的法律价值》,中国法制出版社2004年版,第110页。

② [美]凯斯·R.孙斯坦著,金朝武等译:《法律推理与政治冲突》,法律出版社2004年版,第164页。

求赔偿损害的官司"。① 为了限制或缩小法官恣意的自由心证所带来的负面影响,自由心证需要客观化,即在保障法官心证自由的前提下使心证尽可能客观、真实,通过将证据证明力法定化以及制定各种证据规则来限制法官滥用心证的空间。

2. 程序制约与司法权威建构

程序本身并不是完美的,它有其局限性。"我们必须指出,通过法律程序来实现公平,有一定的局限性。造成这些局限性的主要原因有两种:一方面是因为法律规则主要是些条条框框;另一方面则是因为法律程序本身的某些特点。"②除了要认识到程序自身的局限性,黑格尔认为还要警惕现实中的"程序虚无"和"程序虚置",回归程序本质的功能,即保护当事人和保护在争执中的实体性的事物即法本身,避免法律程序的滥用,"由于这些步骤分裂成为越来越零星的行动和权利而无一定界限,原来是一种手段的法律程序,就成为某种外部东西而与它的目的相背。当事人有权从头至尾穷历这些烦琐的手续,因为这是他们的权利,但是这种形式主义也可能变成恶事,甚至于成为制造不法的工具"。③

司法因公正而权威,司法因权威而公正。司法权威的核心要求是司法公正,拒绝司法权的专横和恣意。所谓司法公正,简单讲就是法官在审判活动中坚持和体现公平与正义的原则,既要裁判结果也要体现公平和正义,同时也要遵循平等和正当的程序原则。裁判结果的作出离不开法官的自由心证和自由裁量,程序对法官的自由裁量有制约的作用。"程序的实质是管理和决定的非人情化,其一切布置都是为了限制恣意、专断和过度的裁量。"④程序对法官自由裁量权的制约是一种司法程序内部对司法权的制约,是为了能体现司法的权威性。而司法权威的建构,除了司法

---

① [英]丹宁勋爵著,李克强、杨百揆、刘庸安译:《法律的正当程序》,商务印书馆1984年版,第49~50页。

② [美]彼得·斯坦、约翰·香德著,王献平译:《西方社会的法律价值》,中国法制出版社2004年版,第108页。

③ [德]黑格尔著,范扬、张企泰译:《法哲学原理》,商务印书馆1961年版,第232页。

④ 季卫东:《法律程序的意义——对中国法制建设的另一种思考》,中国法制出版社2004年版,第98页。

程序内部的制约,还需要司法程序对其他权力的制约,限制其他权力对司法权威形成的危害。在司法过程中做到以权力制约权力,各权力机关之间严格按照程序办事,"制约也可以称为'安全阀门'的作用,这意味着程序一面制约法院的行动不致过分离开司法机关本来应有的职责,同时即使司法行为存在某种程序的功能扩散也能够通过程序保障而获得正当性"①。因此,程序是防止司法不公、司法腐败、树立司法权威的一个重要途径。

在司法程序中,为了保证司法公正除了权力对权力的制约,还需要权利对权力的制约。因为,当事人也是程序的主体,当事人享有的诉讼权利对法官的裁判权也有制约的作用,这种制约也是防止司法不公、树立司法权威的重要途径。例如,当事人享有的申请回避、辩护的权利;对证据举证、质证的权利;不服裁判上诉和申请再审的权利等等。而通过程序法律规定建构具体而合理的制度对于当事人的程序权利的保障更加有力,例如,制定相关证据规则,约束法官对举证责任的分配和证据采信;实行审执分立,将判决的执行与案件的审判分离,专门设立执行局负责判决的执行,增强执行的力度;实行审监分立,规范再立案标准,将无限申诉变为有限申诉,将无限再审变为有限再审;规范二审改判、再审改判的条件等等。

(六)程序及时

1. 程序及时原则释义

司法的公正与效率是司法权威的支撑点和体现。及时性是衡量和评价司法程序正当性和合理性的一项重要尺度。"在讨论审判应有的作用时不能无视成本问题。因为,无论审判能够怎样完美地实现正义,如果付出的代价过于昂贵,则人们往往只能放弃通过审判来实现正义的希望。或许也能够说正义的实现是国家的使命,所以无论如何花钱也必须在所不惜,但是作为实际问题,实在是花费高昂的审判,与其他具有紧迫性和

---

① [日]谷口安平著,王亚新、刘荣军译:《程序的正义与诉讼》,中国政法大学出版社2002年版,第22页。

优先权的社会任务相比较,结果仍然是不能容许的。"①"迟来的正义为非正义。"对此,莫诺·卡佩莱蒂尖锐地指出"久长的裁判是恶的裁判,诉讼过分迟延等同于拒绝裁判",这是因为"接近司法救济的权利不可能意味着姗姗来迟的保护"。讲求程序的及时性就是为保证司法公正审判而在过急和过缓这两种极端状态之间寻求一个既能查清事实又能让当事人各方都可以接受的中间状态。程序过急进行,"程序参与者无法充分和富有意义地进行,法官也难以进行充分的庭审准备、从容不迫地听审和冷静细致地评议";如果程序过缓进行,"人们通常认为,审判拖延不仅浪费了司法资源,对社会公共福利造成了损害,而且可能导致审判程序产生不公正的裁判结果。"②

2. 程序及时与司法权威建构

司法程序过于复杂、过于专业化会导致诉讼延迟、裁判效率低下和诉讼费用高昂等一系列问题,这样不符合当事人的利益需求,也不符合程序本身的意义。在强调司法程序性的同时,也要讲求司法的及时性。一般来讲,各国是从以下几个方面来建构制度满足程序及时性要求的:

(1)严格诉讼期间。期间是指法院、当事人和其他诉讼参与人单独或者会合实施者完成诉讼活动所应遵守的时间。期间制度的目的,一方面是为了保证法院、当事人和其他诉讼参与人有足够的时间完成相应的诉讼活动,另一方面也通过规定他们完成诉讼活动的期限,防止拖延诉讼,从而提高诉讼效率。科学地设置期间是立法者在科学论证基础上作出的定量选择,需要考虑的因素主要包括案件数量、法官数量、案件的复杂程度以及法官办案能力等。超过期间由期间耽误者承担相应的法律后果。例如,原告不按照规定时间出庭的,就被视为自动撤诉;被告不按照规定时间出庭的,就可以视为对原告起诉的认可,法院可也以缺席审判。需要指出的是,诉讼期间不可能保证每一个案件都能在法定期间得到公正、客观的解决,这是司法程序的先天性缺陷,只要诉讼期间能够最大限度地保证司法过程的客观和公正,就达到了司法程序的目的。

---

① [日]棚濑孝雄著,王亚新译:《纠纷的解决与审判制度》,中国政法大学出版社1994年版,第266页。
② 陈瑞华:《刑事审判原理论》,北京大学出版社1997年版,第71~72页。

(2)诉讼强制措施。在诉讼中,会发生当事人逃避调查、毁灭证据、转移财产等故意或无故拖延诉讼的行为,为了快速、及时办案,减轻当事人的诉累,有必要对这类妨害诉讼的行为予以制止,对妨害者实施强制措施。对此,丹宁勋爵指出"在所有必须维护法律和秩序的地方,法院是最需要法律和秩序的。司法过程必须不受干扰或干涉。冲击司法正常进行就是冲击我们社会的基础。为了维持法律和秩序,法官有权并且必须有权立即处置那些破坏司法正常进行的人"。① 诉讼强制措施从本质上讲只是一种不得已而采取的措施,是一种临时办法或权宜之计,但又是一种必要的制度设置。诉讼强制措施的形式主要包括拘留、拘传、罚款、训诫,对财产的搜查、扣押、查封、冻结等。

(3)证人出庭做证制度。证人出庭做证主要是为了帮助法官及时调查事实、查明真相,从而作出公正的裁判。为了达到这个目的,西方各国一般都建立了证人宣誓制度和对证人保护的制度。证人宣誓制度的主要内容是:证人出庭做证之前,应当宣誓不做伪证,违背宣誓而做伪证的要追究其法律责任。这种宣誓制度在一定程度上对证人起到了约束作用,也体现了法庭的神圣性。证人保护制度的主要内容是:建立一整套安全保障制度和体系,对证人的人身安全形成一种强有力的保障机制,为证人出庭做证创造良好的环境。

(4)简化程序。不同的案件所需消耗的程序成本是不一样的,从程序效率和经济的角度来讲,应该根据不同的案件类型或者复杂程度的不同,设计不同的程序与之对应。一般来讲,对于事实比较清楚的案件可以简化程序,例如,节俭庭外准备时间、简化审判组织、实行当庭宣判、口头裁决或缩短诉讼期间等。对于可以通过调解、和解等替代性纠纷解决机制解决的纠纷,可以不使用诉讼程序。但需要注意的是,如果法院过分强调当事人之间的和解和调解,追求所谓的高调解率,就会陷于调解、和解的认识误区。如果替代性纠纷解决机制不能对纠纷及时解决,应该尽快进入诉讼程序。因为,任何不及时的审判都是不正义的,都是对司法权威的极大损害与不负责任。

---

① [英]丹宁勋爵著,李克强、杨百揆、刘庸安译:《法律的正当程序》,法律出版社1984年版,第9页。

四、本章小结

司法权威树立的直接表征就是司法服从行为的产生,从心理学的角度考察会发现,对司法服从行为的产生具有重大影响的心理转化阶段有三个,即司法信息的输入阶段、司法信息的整合处理阶段以及司法行为指令和司法认知指令发出的阶段。

司法信息的输入阶段对司法服从行为的产生和内在司法权威的形成具有前提性的意义。从这个意义上讲,大脑输入什么样的司法信息以及以何种方式或形态输入对司法服从行为的产生和司法权威的树立都具有最基本的意义。而司法现象所反映的信息的性质和形态在深层次上是受到整个社会的法治环境制约的,因此,法治环境的状况就显得至关重要。就西方国家的法治环境而言,特定的宪政体制使得司法权在"三权分立"的权力架构下具有独立的地位,并且司法权的这种独立性有着司法主体的独立和司法裁判的权威这两方面的保障,除此之外,完善的程序机制也为司法权的独立和权威"保驾护航"。简言之,特定的宪政体制和完善的司法制度以及程序机制为西方法治国家创造了良好的法治环境。

司法信息的整合处理阶段是司法服从行为产生的整个心理过程中"化学反应"最为复杂的阶段。在这一阶段中包含了司法认知、司法评价、司法情绪和司法动机的产生等机制,而这其中有两个基本要素一直参与着这些机制的运作:一是利益,二是正义。司法服从行为产生的根源在于司法权威能够对利益进行有效的保护和对利益关系进行有效的调控,进而维持社会的秩序。同时,正义等价值观念在司法信息整合处理的整个过程中不仅参与到心理机制的各个阶段,而且起到了很重要的作用。就西方法治国家而言,已经形成了较为完善的以权利保障为主要功能的司法制度,这种制度本身又与西方特定的宪政制度和法律制度等密切相关。除此之外,司法权威的运行体现出了正义的价值理念,例如,程序正义、程序理性、程序主体平等、程序制约以及程序及时等。可以讲,西方法治国家在司法权威的功能和司法价值理念等方面的现状都很有利于通过司法信息的整合处理产生出更多的司法服从行为。

有了以上两个阶段的良好基础,在西方法治国家里,人们的司法服从行为更多地表现为对司法权威发自内心地地信服和认同。而这种司法服从行为和司法认知行为的信息反馈又会促使人们形成一种认同和尊重司法权威的司法价值观,这样的一个过程就保证了司法权威树立的良性循环。

第三章

我国法治语境下的司法权威及其生成路径

　　无服从即无司法权威,树立司法权威从根本上讲就是如何实现司法服从的过程。既然司法服从对于司法权威而言是一个客观存在的标准,那么科学地认识和对待司法服从行为产生的原因以及制约它产生的因素和条件,就成为非常关键的问题。既然要达到科学的认识把握,那么就有必要从客观存在的人的心理发生机制来作分析。心理学的研究发现,司法服从行为的产生是一个复杂的、相互交织的一系列心理过程,既有个体基于利益内在需要的参与,也有各种社会法治环境等各种外在因素的参与,总之是一个由各种因素综合作用的过程。只有把对人的心理活动规律的分析和把握作为出发点,尊重司法服从行为产生的内在心理机制和过程,积极采取和设置有效的制度和措施,积极建立健全与法治相关的政治制度和司法制度,司法服从行为的产生才具有内在的根基和动力,由此树立起来的司法权威才能更有效、更合理、更长久。

　　通过第二章的论述我们能够发现西方法治国家的司法权威现状可以说是遵循了上述所讲的这样一种过程,无论是从政治制度、法律制度还是司法制度上,都基本上符合了司法服从行为产生的心理机制要求,并且达到了司法服从行为的自愿性,所形成的自觉型司法权威模式也是司法权威的高级形态。这样的分析是从司法服从行为如何产生和实现的角度展开的,并借助于心理学的分析平台,不是简单地从定性的角度对司法权威进行讨论。但是,我们必须注意的是,毕竟西方法治国家的这种司法权威模式的物质基础,即所有制是私有制,这点与我国存在根本不同。客观上讲,对司法权威必然性和规律性的认识是人类的共同财富,因此西方法治国家对司法权威的某些认识和做法是可以被我们借鉴的。但实事求是地讲,我们有自己特殊的国情,因此对我国司法权威的认识不能全盘接受西方法治国家对司法权威的认识。我们应该在遵循人的心理机制对司法权威的树立所起的作用的同时,结合我国特殊的法治环境因素、政治因素、司法制度因素等去认识和把握我国的司法权威。

基于这样的考虑,下文首先对我国法治社会下的司法权威现状进行分析,寻找出我国司法权威的特殊性,进而挖掘出造成这种特殊性的制度性和程序性缘由,以期发现制约产生司法服从行为心理机制的因素,并为进一步改善这些制约因素提供参考的依据,最终通过不断完善这些因素实现在我国真正树立司法权威的目标。

一、我国法治社会下的司法权威

(一)我国司法权威的现状

司法权威在中国的缺失是被普遍认知的事实。在论及这一现象时,司法裁判的终局性缺失和执行难是常常被提及的两个典型问题。司法裁判的终局性缺失意味着已经发生效力的裁判可以通过审判监督程序被反复地提起再审,这种司法自我否定现象的经常发生使得司法的权威性难以被树立。执行难意味着生效裁判难以得到及时有效的执行,使得很多裁判被"束之高阁"。由于裁判缺乏执行力,司法的权威性自然就难以得以体现和实现。而除了以上诟病之外,司法不公也是我国司法实践中一个伤害司法权威性的重要问题。"某些地方的司法已在很大程度上背离法的正义本质精神。法律变成了强权者手中的手杖,大款们手下的奴婢,人情者手中的橡皮泥。少数司法机关和司法人员在金钱面前出卖了一切最美好的东西:公平、正义、平等、权利,甚至道德、良心,展现了一切丑恶的东西:偏私、枉法、贪恋、冷酷、不负责,充当恶人的权杖、金钱的打手,助强凌弱,爱富欺贫。"①这些都直接导致了司法的可预测性降低,司法不再是维护人们权利的有力保障,这种现实令人失望,严重挫伤了人们对法律和司法的信心,司法权威难以树立。

造成我国这种司法权威现状的原因是多样的、复杂的,其中历史的、文化的以及制度上的原因是最主要的。从历史的角度来讲,苏联的政治体制和法律制度的长期影响是形成我国目前司法权威现状的一个重要原因。受苏联政治体制的影响,司法机关在国家权力结构体系中一直以来相对于立法机关和行政机关没有独立的地位,司法也一直以来被当作一种专政的工具。从文化的角度来讲,传统的法律文化是影响我国司法权威发展状况的另一个重要因素。我国传统社会崇尚的是贤人政治,如荀子所言:"有治人,无治法。""王夫之所言:"任法而废人"是"法之弊也"。②"朱熹所言:"今日之法,君子欲为其事,以拘于法而不得聘。"③对贤人政治的推崇导致我国传统社会中的法律只是统治者维护集权专制的一种手段和工具,这种观念促成我国传统社会乃至现代社会仍具有"人情"和"关系"的特征。这种历史和文化的原因,造成我国社会中形成了行政权大于司法权,司法权是行政权附属的观念。而这种人治的观念、集权主义的观念,对我国社会的影响是根深蒂固的,这种影响作用于司法领域就表现为司法体制行政化、司法功能萎缩化以及司法过程中的各种非制度化等。

改革开放以来,经过多年的法治建设和司法改革,我国的法律体系逐渐健全,司法机构的设置和司法人才队伍的建设都取得了很大进展,司法也慢慢成为人们解决纠纷、救济权利的首选,法治环境的好转也使得司法公正的问题得到很大改善,司法的权威性在这一过程中逐渐被人们所认同和接受。但是,客观上讲,由于我国现阶段人们统一的司法价值观还未形成,人们对司法权威的服从更多地表现为对于司法权威解决纠纷和维持社会秩序功能的需求,而权利保障的需求因主客观多种因素的制约还

---

① 蔡定剑:《历史与变革》,中国政法大学出版社1999年版,第344页。
② 郭成伟:《略论中国传统文化对司法制度的影响》,载陈光中主编:《中国司法制度的基础理论和专题研究》,北京大学出版社2005年版,第70页。
③ 郭成伟:《略论中国传统文化对司法制度的影响》,载陈光中主编:《中国司法制度的基础理论和专题研究》,北京大学出版社2005年版,第70页。

未能得到司法权威的满足。因此,可以讲我国现阶段人们对司法权威的心态与"对司法完全的自愿服从"还存在很大的差距,这种情形下的司法权威还不是真正意义上的司法权威。根据法治社会发展的规律,自觉型司法权威应该是我国法治和司法权威发展的方向。

(二)我国当前社会的司法价值观

司法价值观反映着人们对司法功用性的认识。不同的政治法律文化中存在不同的司法价值观,比如在近代以来的西方国家视司法为调解纠纷、保障权利的机制,而我国的传统观念中司法仅仅是阶级压迫、维护专政的工具。在我国盛行的这种价值观既与传统法律文化中等"刑"为法的观念息息相关,也与革命胜利后不断夸大阶级斗争理论密不可分。司法是"刀把子",其根本价值在于维持阶级统治和专政。这种理解在建国初期对巩固政权、建立新的秩序有不可或缺的现实意义,但随着社会结构的变迁和建设社会主义法治国家理念的树立,专政工具这种司法价值观越来越不适应现实的需要。从维护秩序稳定性的"权力本位"回归到保障权利实现的"权利本位"是大势所趋。在市场经济的推动下,"人们寻求救济的主动性有所增强,寻求救济的范围日益扩大"[1],对权利的要求更加迫切。因此,在当今的中国,司法具有权利保障的价值观念越来越深入人心,司法更多地被看作是一种人权保障、维护社会公正和秩序的工具。

尽管如此,我们仍然必须看到,司法作为专政工具的观念并不会一夜之间消失。由于权力本位的思想惯性仍然有着一定的市场,"治民"心态作祟,社会政治结构中司法机构地位的相对弱置,司法权威还远未建立起来。

(三)我国司法权威的模式类型:判定标准与结论

1. 我国司法权威模式的判定标准

从司法权威的国家职能和人们对司法权威服从的心态来讲,由于处

---

[1] 高鸿钧:《中国公民权利意识的演进》,载夏勇主编:《走向权利的时代》,中国政法大学出版社2000年版,第66页。

于社会转型时期,维持和稳定社会秩序是我国司法权威在这一时期最重要的职能,保障权利的职能被放在次要的地位。正是因为司法权威没有把保障权利作为其首要职能,所以人们对司法权威的服从很大程度上不是发自内心的自愿和认同。

转型时期的社会,冲突和矛盾较以往任何一个时期都表现得更复杂和更尖锐。稳定社会秩序具有紧迫性,这种客观要求决定了司法权威的职能更偏向于社会秩序的维持。当个体权利保障的要求遭遇稳定社会秩序的政治诉求的时候,权利保障的要求要让位于社会秩序稳定的政治要求,在我国就表现为司法政策对司法活动的影响。典型的例子就是"三鹿毒奶粉案件",在这起案件中政治上的要求成为司法政策的方向。由于这起案件涉及食品安全这种敏感而重大的民生问题,并且影响面非常大,受害人的群体不仅是特殊的婴儿,而且人数也非常巨大,造成的不良社会影响也非常大,该案件的处理有可能会给社会稳定带来巨大挑战。因此,受理该案的河北省高级人民法院迟迟不进行审理,却在一直等待政府方面的建议,耽误了案件的及时处理。在此的问题是:受损害的婴儿的权利是否应当受到保护?答案是肯定的,虽然法院最后也对案件进行了审理,婴儿和家长的权利最终受到了保护,但是这个案件的过程却明显地反映出司法权威在职能发挥上首先考虑到的是对社会秩序的维护而不是对受害人权利的保护。从具体的司法制度来讲,司法主体不独立,司法程序不健全、不科学;从司法理念上讲,司法权威主体和受体的认识不符合司法规律性要求,这些因素都制约着司法权威保障权利职能的发挥,也决定了在这一时期我国的司法权威还不具备将保障权利的职能放在最优位置的能力。从司法权威解决纠纷,维护社会秩序的最优国家职能和人们对司法权威的非信服来看,我国目前的司法权威状况与他律型司法权威的特征相似,那么是否就属于他律型司法权威模式呢?为了回答这个问题,最后还得从司法权威的实现来作判定。

从司法权威的实现角度来讲,鉴于我国目前特殊的国情和所处的特殊历史时期,"政府推进型"成为我国目前司法权威实现的最显著的特征。但是,由于我国人民的利益在根本上是一致的,所以这种实现方式不是依靠强权、压迫,政府是人民的政府,国家是人民的国家,一切权力属于人民,因而不存在压迫和强权。从这点讲,不符合他律型司法权威的特征要求。

2. 结论：混合型司法权威模式

通过以上分析，我们发现社会转型时期稳定是压倒一切的重点，这既是党的执政思想也是整个国家的意志。在这种情形下，司法权威最重要的职能是维持和稳定社会秩序。虽然我国也逐步加大了对个体和社会权利的保障，但是在这个特殊时期，保障权利的职能不是司法权威最优的职能。在这点上我国司法权威的状况与他律型司法权威近似。也正是因为这样会导致个体对司法的服从在一定程度上或在某些部分上不是发自内心地自愿服从，这点也与他律型司法权威的特征相同。但是，我国司法权威的树立不是依靠强权、压迫、剥削，因为我国司法权威系统内的成员之间的利益从根本上来讲是一致的，司法权威的树立过程虽然更多地表现为"政府推进型"，但是不存在强权和压迫，所以在这点上又与他律型司法权威存在不同。所以我国的司法权威模式不是他律型司法权威。

然而，与自觉型司法权威模式相比较会发现，一方面我国的司法权威在国家职能上还未将保障权利作为它的最重要的职能，另一方面人们对司法权威的服从客观上讲很多情形下还不是发自内心地信服，所以我国的司法权威模式也不是自觉型司法权威。但是，由于我国在这种社会转型时期已经将建设社会主义法治国家作为未来社会发展的方向，把保障权利作为司法权威职能未来的重点，所以我们可以得出这样的结论：我国的司法权威模式是处于他律型司法权威与自觉型司法权威之间的混合型的司法权威。

为了进一步论证这个观点，本章首先从制约产生司法服从行为的心理机制的外在因素之一——政治制度和司法制度因素开始展开讨论，以期发现制约我国司法权威树立的特殊的政治和司法制度缘由，然后接下来的第四章从外在因素之二——程序制度因素进一步展开讨论，以期探究制约我国司法权威树立的具体的程序制度原因，进而作为进一步讨论的依据。

二、我国司法权威生成的外部制度基础

(一)司法权与人大监督权

我国的人民代表大会具有双重身份,即立法机关和权力机关。《宪法》第三章规定人民代表大会是我国的立法机关,同时在我国的宪政体制中,人民代表大会又是国家权力机关。作为立法机关,人民代表大会享有立法权,与司法机关享有的司法权一样属于在权力分工基础上的一种具体权力。而作为权力机关,人民代表大会在国家机关体系结构中处于最高的地位,其他国家机关受它领导、对其负责。也就说我国的司法机关要对人大负责,受到人大的监督,这点与西方国家不同。西方国家的议会与司法机关没有隶属关系,司法机关独立行使职权,不受议会的监督。我国宪法上的这种制度规定,决定了我国司法机关的独立不是针对人大而是针对行政机关、社会组织及个人的独立。而从权力来源来看,司法权不具有与人大立法权和监督权相抗衡的力量,人大行使监督权是一种制度上的权力预防设置,是人大权威性地位的体现,也是司法机关能够按照法律正确、独立、公正地行使职权的保证。

人大监督能在很大程度上促使司法机关正当履行职权,防止司法腐败和裁判不公,实现社会公平正义的诉求,最终会增强司法审判的权威性。事实上,这些年尤其是《监督法》颁布施行以来的近些年,各级人大对司法的监督的确取得了一定的成效并有一些新的发展,但不可否认的是,由于在监督手段和监督方式上存在着问题,导致出现了人大越权干涉司法,破坏司法权威的现象。就人民法院向人民代表大会报告工作来讲,我国《宪法》并没有规定人民法院要向人民代表大会报告工作,只规定对其

负责,而对行政机关的规定是负责并报告工作。① 人民法院向人大做工作报告是人大行使司法权监督的主要方式,但这一监督方式违反了司法权的专业性和规律性,往往会导致对司法权的干涉,弱化司法权的独立地位。就人大及人大常委会对人民法院的质询权来讲,根据《宪法》第 73 条的规定,全国人大及人大常委会的质询对象是国务院或国务院各部、各委员会,而将最高人民法院排除在质询范围以外,这说明制宪者充分考虑到了人民法院与行政机关的性质差异,而有意为之。② 而实践中人大及人大常委会在行使监督权时,却常以质询的方式要求人民法院对某个问题作出说明、解释。质询权可能会带来一时的积极作用,但同时会对法院的独立性、公正性和权威性带来损害。

具体而言,人大对法院审判工作的监督对象应当以法院审理案件的程序正当性作为监督的主要方向,对于法官在职权范围内行使自由裁量权等实体问题不应加以监督,否则就是对司法权威明显的干涉。由于在个案事实问题上的过度干涉,使得人大监督对裁判终极性的破坏成为经常现象,这也无疑对司法权威的建立造成了沉痛打击。如何完善人大对司法的监督,使其做到既能正常履行职责而又能避免越权干涉司法,以及如何保证司法裁判的终极性从而维护司法的权威,将成为今后人大监督工作需要考虑和完善的重点。

(二)司法权与行政权

对于我国的司法机关与行政机关关系的现状可以用一句话来总结:司法机关依附于行政机关,司法的地位低于行政。在我国的法治现实中,司法权与行政权的关系可以总结为三个方面:第一,法院的设置对应于它的行政区划,法院无人、财、物的管理权,而由地方行政权"代行",法院内部的管理也带有强烈的行政色彩;第二,审判程序的各个环节均有可能受到行政命令的干预,甚至整个审判程序就是行政模式的翻版;第三,法官选任和待遇完全公务员化。法官的入职要参加国家或者地方省市统一的

---

① 焦洪昌、姚国建:《宪法学案例教程》,知识产权出版社 2004 年版,第 171 页。
② 焦洪昌、姚国建:《宪法学案例教程》,知识产权出版社 2004 年版,第 192 页。

公务员考试,通过考试的法官进入法院后根据部、局、处、科等不同行政级别来确定其具体的政治待遇,并且依据这样的行政级别来确定法官的裁判水平和能力的高低。

《宪法》第 123 条规定"中华人民共和国人民法院是国家的审判机关",第 126 条规定"人民法院依照法律规定独立行使审判权,不受行政机关、社会团体和个人的干涉"。这些宪法规定说明了司法机关与行政机关都由人大产生,在职能上它们是相互独立的,地位上是平行的。应当说这种宪法规定符合法治的思想,"法治诞生于法律机构取得足够独立的权威以对政府权力的行使进行规范约束的时候"。① "为了确保普遍性,行政必须与立法相分离;而为了确保一致性,审判必然与行政分离。实际上,这两个分离恰恰是法治理想的核心。通过这两种分离,法律制度被假定为是社会组织的平衡器。"② 为保证司法权对行政权的制衡,"司法不仅不能与行政共存于同一机关中,而且也不可以隶属于行政;司法不依赖于行政! 司法的任务是通过其判决确定是非曲直,判决为一种'认识',不容许在是非真假上用命令插手干预"。③ 因此,行政不同于司法,行政权不同于司法权。司法权强调被动性、公正性、终极性以及程序性,而行政权具有主动性和及时性特点。行政权的价值追求是效率与秩序,在追求行政效率、秩序的同时,兼顾公正等其他价值。司法权的最终价值追求是公正,在追求公正的同时,兼顾其他价值目标。

然而在我国,司法权与行政权之间的关系现状并非宪法所规定的应然状况。实际上,我国的司法权与行政权之间是一种不平等的关系,两者之间呈现出不协调的失衡状态。司法权在运作过程中,能处处感受到行政权的影子,法院在很多情形下已经沦为"政府的职能部门"。从机构设置的角度来讲,我国法院与行政机关一样,是按照行政区划的模式设置

---

① [美]P. 诺内特、P. 塞尔兹尼克著,张志铭译:《转变中的社会与法律——迈向回应性法》,中国政法大学出版社 1994 年版,第 59 页。
② [美]昂格尔著,吴玉章、周汉华译:《现代社会中的法律》,译林出版社 2001 年版,第 51 页。
③ [德]古斯塔夫·拉德布鲁赫著,米健、朱林译:《法学导论》,中国大百科全书出版社 1997 年版,第 121 页。

的。① 并且在这种模式之下,法院受各级党委的领导。从人事组织和财政保障角度来讲,法院人事编制由各级政府确定(包括录用考试等),法院财政由各级政府保障。这些都成为导致法院演化成"地方法院"的重要因素。当地方与地方之间、地方与中央之间发生利益冲突的时候,司法地方保护主义就有了现实的土壤,司法权遭到行政权堂而皇之的绑架。实践中,有些地方政府出于地方利益的考量往往会借助党委的权威迫使司法权服从行政权,表现为在案件受理、审理、执行中的地方保护主义,这样无疑直接损害了司法权威。

按照宪法和法律的规定,与其他社会组织一样,行政机关也应当在法律规定的范围内进行活动,否则将要受到司法的审判和监督,这点体现在我国对行政权进行监控的行政诉讼制度上。行政诉讼的一个制度目的就是通过行政诉讼使司法机关可以监督行政机关是否在法律的范围内进行活动,是否有违法的行为以及是否有侵害公民合法权益的行为。但是实际上,我国目前的这种司法权对行政权的监督还显得很无力,主要原因在于按照现有法律的规定,司法对行政的监督仅限于对具体行政行为合法性和合理性的审查,几乎不涉及抽象行政行为的部分,这种行政诉讼制度本身的缺陷也成为了树立司法权威的障碍。

(三)司法权与检察监督权

《宪法》第三章第七节规定"中华人民共和国人民检察院是国家的法律监督机关",《民事诉讼法》第14条规定"人民检察院有权对民事审判活动实行法律监督"。检察院作为国家的法律监督部门,对人民法院的审判活动包括法官的审判行为实施监督是宪法赋予的法定职权。

权力天生有被滥用的可能,现代社会中任何权力都必须有制约和监督,这种制约和监督实质上是对权力是否依法、正当行使的监督。诚然,我们怎样强调审判独立的重要性和法院裁判的终极性都不过分,但我们不能说审判权的独立行使排斥任何外在的监督,正常监督和不当干预是两回事。审判独立应当排斥任何不正当的干预,但不能拒绝正常监督。

---

① 军事法院、海事法院等专门法院除外。

检察监督,不仅仅是为了维护当事人的合法权益,更是为了司法公正和司法权威。一方面,当司法审判活动受到不正当的干预或压力,司法独立的原则就成为抵御这些不正当干预的守护者,从而保证司法公正的实现;另一方面,当独立的司法审判权自身产生变异与腐蚀,偏离司法公正时,检察监督就应成为这种变异的矫正者,纠正司法活动中的错误与腐败。事实上,在我国检察监督是对法院审判最有作用的监督制度设计,因为检察监督权的强力存在才使得法官的"良知审判"有了可靠的制度空间。

检察权对审判权的监督主要体现在对法院已经生效的民事、刑事和行政案件的抗诉上。① 不过由于任何案件的再审都无疑会冲击司法裁判的终极性和稳定性,检察权与审判权这种冲突势必会破坏司法裁判的权威性。因此检察院的抗诉也必须审慎,制度必须严密。但是,我国目前的这种审判监督制度还是存在很多问题的。就民事检察监督而言,存在立法上抽象空泛、可操作性差的问题,致使检察机关在实施民事检察监督的具体运作中无法操作,直接影响了检察机关对民事审判活动的有效监督。在检察院抗诉范围和条件以及检察院在抗诉再审中的地位和作用等方面,新《民事诉讼法》还规定得不够科学、详细,最高人民法院在这方面的司法解释和最高人民检察院的认识和做法还存在相互冲突的地方,这些都限制了司法检察监督制度功能的发挥。例如,关于检察机关监督抗诉的范围是及于法院在民事诉讼过程中作出的所有生效判决和裁定,还是仅限于在某些程序中,对于这个问题检察机关与法院的认识并不一致。

---

① 《中华人民共和国民事诉讼法》第187条规定:最高人民检察院对各级人民法院已经发生法律效力的判决、裁定,上级人民检察院对下级人民法院已经发生法律效力的判决、裁定,发现有本法第179条规定情形之一的,应当提出抗诉。地方各级人民检察院对同级人民法院已经发生法律效力的判决、裁定,发现有本法第179条规定情形之一的,应当提请上级人民检察院向同级人民法院提出抗诉。第188条人民检察院提出抗诉的案件,接受抗诉的人民法院应当自收到抗诉书之日起三十日内作出再审的裁定;有本法第179条第一款第(一)项至第(五)项规定情形之一的,可以交下一级人民法院再审。《中华人民共和国刑事诉讼法》第205条规定:最高人民检察院对各级人民法院已经发生法律效力的判决和裁定,上级人民检察院对下级人民法院已经发生法律效力的判决和裁定,如果发现确有错误,有权按照审判监督程序向同级人民法院提出抗诉。人民检察院抗诉的案件,接受抗诉的人民法院应当组成合议庭重新审理,对于原判决事实不清楚或者证据不足的,可以指令下级人民法院再审。

检察机关认为,法院所作出的生效裁判只要具备"法定抗诉条件",检察机关就可以提出抗诉。法院则认为检察机关可以提出抗诉的裁判仅限于法院在审判程序中作出的某些裁判,可抗诉的裁判必须满足事后监督的要求。法院与检察机关在抗诉监督范围上的分歧则直接导致了司法实践的冲突。再例如,检察机关可依案件当事人的"申诉"来决定启动抗诉程序,这在一定程度上刺激了当事人可能以各种手段影响检察院从而启动检察院的抗诉权,而一旦检察院提起再审程序,法院就要裁定中止执行,从而让已经确定的与案件相关的法律关系再次进入不确定的状态。正是基于这样的考虑,新《民事诉讼法》对"申诉"与抗诉之间的衔接问题作出了修正和完善。

(四)司法权与执政党领导权

在中国特定的历史背景下,中国共产党不仅领导最高权力机关和其他政府机关,也领导司法机关。"国家的司法机构也就是党的司法机构。"①党领导司法权且应当在宪法和法律的范围内实现对司法权的领导,这是探讨党领导司法的前提。

第一,中国共产党是最广大人民利益的代表者,宪法和法律是人民意志的集中体现,遵守宪法和法律与中国共产党的领导是统一的。"中国共产党为了实现领导,就要根据人民的意志和利益制定各项重大的方针政策,而宪法正是执政党重大方针政策的法律化、条文化。执政党带头遵守宪法,按照宪法办事,就是实施本身制定的方针政策,按自己的方针政策办事。"②

第二,党对司法机关的领导主要通过以下途径实现.(1)在具体的司法过程中贯彻党的路线、方针、政策,实现党的意识形态的引导作用。(2)党掌握重要司法官员的人事选任权,然后通过人大及人大常委会履行选

---

① 贺卫方:《司法的理念与制度》,中国政法大学出版社1998年版,第45页。
② 许崇德:《中华人民共和国宪法史(上卷)》,福建人民出版社2005年版,第557页。

举或任免程序。①（3）党委或法院党组织听取案件汇报、批示案件审理。②

第三，坚持党对司法机关的领导与司法权的独立性不矛盾。党对司法机关的具体领导方式应当是政治领导、思想领导和组织领导，而不是对司法业务的具体领导。"执政党对司法工作的领导，是在保证和支持司法机关独立行使司法权前提下的领导；司法权的独立性，是在坚持执政党对司法工作领导权前提下的独立性。"③

遗憾的是，实践中党的领导权与司法权独立之间的关系出现失范的现象，极大地破坏了司法的独立与公正，破坏了司法的权威。这有观念方面的原因，也有依法执政落实不充分的原因。从正确认识党的领导权与司法权独立性的关系来看，实践中还未形成统一的正确的观念指引。一方面，司法独立并不意味着对西方分权理论的认同，司法独立理论是对审判活动这一人类社会实践规律的总结，是一种技术性、经验性的制度安排，不应当被看成一种政治理念。另一方面，强调司法权独立并不意味着司法活动脱离了主导政治力量的控制。"司法对主导政治力量的服从应体现为严格执法，主导政治力量对司法审判活动的领导也主要体现于要求司法审判活动严格施行立法。"④从依法执政落实不足的现象来看，原因有三：其一是党对司法过程领导的非规范化和非制度化；其二是党对司法人员选用上的干涉；其三是党对司法领导的约束机制不健全。

除此之外，处于领导地位的党员缺失宪法意识，存在许多"缺宪行为"以及司法层面党组织系统对司法机构的制度安排、对司法人员人事安排的不正当支配，事实上使得独立司法机关的地位降为同级地方党组织内的工作部门等，都成为引起党对司法的领导权与独立司法权之间关系失范的重要原因。

---

① 马骏驹、聂德宗：《当前我国司法制度存在的问题与改进对策》，载《法学评论》1998年第6期。
② 程竹汝：《司法改革与政治发展》，中国社会科学出版社2001年版，第316页。
③ 陈祥骥：《中国执政党运行机制创新研究》，宁夏人民出版社2006年版，第217页。
④ 顾培东：《中国司法改革的再认识》，载张明杰主编：《改革司法——中国司法改革的回顾与前瞻》，社会科学文献出版社2005年版，第50页。

三、我国司法权威生成的内部制度基础

(一)法官和法院相对独立

司法独立的内涵"并不仅仅局限于法官的个体独立,即法官的身份独立和实质独立,它还应包括司法机关整体上的独立。同样,司法机关独立也不仅仅在确保法官免受行政机关的压力或立法机关的干涉,它也应当包括法院的内部独立,即法官独立于其同事或上级"。①

法院的独立主要是指法院只服从于法律,"法院的上司只有法律",不受其他行政机关、社会团体和个人的任意干涉;法院独占地行使司法权。我国宪法明确规定:人民法院是国家的审判机关,独立地行使审判权,不受其他机关、社会团体及个人的干涉。法院的独立地位是一项重要的宪法原则。

法院的独立归根结底要落实在法官的独立。法官的独立包括两个方面:其一是法官身份的独立;其二是法官在审判活动中的独立。法官在审判活动中的独立表现为法官在司法过程中,除受法律和其良知之外不受其他因素的干涉。司法权是一种判断权,它的判断性要求法官在审判过程中必须保持中立且独立的地位,只有这样才能保证法官的判断是公正的。一个独立的、不受外界干扰和影响的法官更容易作出公正的裁判,从而更好地保障司法公正和司法权威。改革开放以来,我国的法官制度取得了长足进步和发展,法官的独立性逐渐得到了改善。例如,通过统一的国家司法考试进行法官的遴选,《法官法》颁布实施后逐渐建立了较为完善的法官制度,法官的身份保障制度和经济保障制度取得了较大的改善。这些都为我国目前法院和法官获得相对独立的地位起到了很重要的

---

① 肖建国:《司法公正的理念和制度研究》,中国人民公安大学出版社2006年版,第134页。

作用。

(二)司法裁判终极性逐步改善

在纠纷解决的多种手段和方式中,法院的裁判具有最高权威性,司法裁判是解决一切纷争的最后的、终极的手段。司法权解决纠纷的功能本身要求司法裁判具有终极性,司法裁判一经作出非依法不得变更或撤销,并且裁判一旦生效就根据"一事不再理"原则而不得就同一纠纷再行诉讼,以避免当事人之间的关系长期处于不稳定的状态,从而避免社会秩序的长期无序。司法裁判的终极性有助于树立司法权威。司法的终极性不仅强制当事人依裁判内容执行,而且约束司法机关本身不得随意变更、撤销裁判或者重新启动司法程序。只有这样,司法权威才能得以树立;相反,如果司法裁判朝令夕改、反复无常,甚至可以随意地被变更或撤销,那么人们势必会对司法机关失去信任和尊重,失去对司法权威的信仰。

我国法律目前并没有关于司法裁判终极性的明确表述,但是在诉讼法律制度中有相关具体的规定。《民事诉讼法》第155条规定:"最高人民法院的判决、裁定,以及依法不准上诉或者超过上诉期没有上诉的判决、裁定,是发生法律效力的判决、裁定。"第175条规定:"第二审人民法院的判决、裁定,是终审的判决、裁定。"《刑事诉讼法》第233条规定:"第二审的判决、裁定和最高人民法院的判决、裁定,都是终审的判决、裁定。"这些规定可以看作是从审级制度角度对司法裁判终局性的隐含式规定。

司法裁判的终极性与司法裁判的监督程序之间本质上并不存在矛盾。这在前文已经有所阐述,这里不再赘述。我国《民事诉讼法》审判监督程序一章里对当事人申请再审和法院、检察院启动再审程序多作出了较为详细的规定,2013年新《民事诉讼法》又完善了再审事由和再审程序的相关规定,这些一方面更有利于对当事人权利的维护,另一方面也为司法裁判终局性作出了更加严格的保障,有利于司法裁判权威性的树立。不仅如此,《刑事诉讼法》第五章和《行政诉讼法》第62条、第63条、第64条等都对再审程序作出了规定。这些法律对再审主体、再审事由以及再审程序方面的规定逐渐得到完善,使得再审制度对司法裁判终局性的突破受到法律越来越多的规制,从而尽量降低因破坏司法程序稳定性、安定性所带来的风险。

(三)司法裁判执行力保障逐步完善

自20世纪80年代以来,"执行难"引起社会各界高度关注,成为社会公众评价人民法院执行工作时最常用的词汇。历年的《最高人民法院工作报告》和历次的全国性法院工作会议都有"执行难"的提法和解决"执行难"的内容。① 1999年7月7日,《中共中央关于转发〈中共最高人民法院党组关于解决人民法院"执行难"问题的报告〉的通知》(中发[11999]号)要求:"各级党委、人民政府……要站在推进社会主义民主和法制建设进程的战略高度,充分认识解决人民法院'执行难'问题的重要意义……";2002年11月8日,《全面建设小康社会,开创中国特色社会主义事业新局面——在中国共产党第十六次全国代表大会上的报告》要求:"切实解决执行难问题。"2009年7月17日,《最高人民法院关于进一步加强和规范执行工作的若干意见》(法发[2009]43号)指出:"执行难问题并未从根本上得到解决……"②

关于民事执行的立法主要体现在《民事诉讼法》及相关司法解释中,2013年新《民事诉讼法》对执行制度作出了进一步修改和完善。修改前我国的执行异议制度中案外人异议并不必然引起诉讼程序,这对案外人合法权利的维护不力,会导致执行不能顺利完成,造成执行难。修改后的执行异议制度树立的案外人异议之诉,从执行机制的角度来讲是一种进步。类似于大陆法系国家的第三人异议之诉。随着国内学者对执行权、执行机制等理论上的研究不断深入,立法上对执行制度的不断完善,我国裁判执行力的保障在不断进步。

---

① 童兆洪:《民事执行调查与分析》,人民法院出版社2005年版,第2页。
② 金殿军:《民事执行机制研究》,复旦大学2010年博士学位论文。

四、本章小结

　　客观上讲,西方法治国家对司法权威必然性和规律性的认识是人类的共同财富,这些认识可以帮助我们审视我国的司法权威状况。从司法服从行为产生的心理机制和心理过程来看,法治环境对司法服从行为的产生和司法权威的树立都具有基本的意义。我国有自己特殊的国情,立法权、行政权和司法权之间的关系不同于"三权分立",特殊的权力架构下很难实现权力的"相互制衡",司法权在与人大监督权、行政权、检察监督权以及执政党的领导权的关系中处于明显的弱势地位,很难保证和实现司法权的独立。这种特殊的国情决定了我国目前司法权威缺失的现状,即使随着社会和经济的发展,政府和国家已经意识到了司法权威的重要性,并大力积极推进法治建设的进程,但是在社会转型的特殊时期混合型的司法权威模式成为了历史的选择。在强调维护和谐社会秩序的形势下,权力保障不是司法权威的首要功能,这也决定了人们对司法权威的服从不是发自内心的信服和认同。从司法权威树立的根源上来讲,这显然不利于我国司法权威的树立。

第四章

我国司法权威程序性保障的弊病

一、缺乏对人性尊严的足够关怀

人的尊严具有最高的法价值性,是所有法规范的最上位宪法规则。司法程序的进行应该以当事人的参与为中心,如果不以人为司法程序设计的重心,必然会疏离司法程序参与者与司法程序的结合关系,从而使司法程序参与者丧失对司法权威的信赖感和参与感,则其必然难以在人们心中形成司法权威的形象。人的尊严这一人类的最高价值如今已经被国际社会所普遍认同。对司法程序主体尊严的确认和保障是现代司法制度的实质标准。我国的司法传统中一直存在着对人性的漠视,在司法程序中当事人往往不被当作司法的主体而是沦为司法的客体,这种司法传统下自然谈不上对当事人尊严的尊重。现代司法制度作为反对专制和人身束缚的产物之一,应当充分重视司法程序中对当事人尊严的尊重与保护。但是,我国目前的司法实践却存在着明显的对当事人人性尊严的漠视或保护不足。

司法程序当事人的尊严包括以下内容:第一,当事人的安全尊严,即当事人在司法程序中其人格、财产和身体应受到尊重,不受不合理的侵犯和减损。例如,当事人的人格不受法官和其他当事人的侮辱和侵犯;非经法定程序和非满足法定条件不得剥夺或限制当事人的财产和人身等。第二,当事人的自由尊严,即当事人在司法程序中按照自己的意志进行相关活动。例如,当事人有权按照自己的意愿来处置自己的实体权利或程序性权利,法官不得进行干涉与强制,是否决定调解完全由当事人来决定。第三,当事人的平等尊严,即司法程序当事人具有平等的地位,享有同等或对等的权利,负担同等或对等的义务。司法程序要避免当事人诉讼主体的客观化。第四,当事人的主导权尊严,即司法程序当事人对司法程序具有主导地位和支配作用。例如,民事诉讼实行的"不告不理原则";法院判决中所认定的事实只限于经过当事人之间辩论的事实等。

我国司法程序在当事人尊严的确认和保障方面目前存在许多不足,主要体现在:第一,当事人对司法程序的主导权没有得到彻底确认,这涉及当事人自由尊严和地位平等尊严保障的不足;第二,司法程序违法行为对程序当事人的主体尊严造成严重威胁。

(一)当事人程序主导权的保障不彻底

"只有当事者才能把争议的事项导入程序并判断法院是否必要对此作出决定,同时当事者有权要求法院作出决定。作为程序规范,法院自身则不得考虑当事者双方都未提出的事实,且不得根据自己的判断主动收集或审查任何证据。"[①]当事人程序主导权即要求当事人对关系其程序利益和实体利益的裁判结果和裁判过程,均占主导和支配地位。当事人的处分权是其程序主导权的体现之一,虽然我国法律规定当事人享有处分权,并在法律规定的范围内行使,但是对于何谓法定范围以及这样行使后的结果会怎样的问题,理论和实际执行之间存在着很大的弹性。例如,当事人之间可以通过达成和解协议来解决自己的纠纷,但是这个和解协议并不能直接引起诉讼程序的终结,还必须经过法院的审查,经过认可之后才能达到终结诉讼程序的效果。再例如,虽然法律规定当事人享有上诉权,提起上诉必须符合法定的条件,一审法院还要对当事人上诉请求进行审查,但是上诉法院在审理中如果发现了上诉请求之外的而原判决确

---

① [日]谷口安平著,王亚新、刘荣军译:《程序的正义与诉讼》,中国政法大学出版社2002年版,第24页。

实存在错误的也有权进行纠正,这显然是超出了当事人的上诉的请求范围。而判断是否存在错误的自由裁量的权力在法院。在程序方面,我国《民事诉讼法》虽然赋予了当事人程序权利的处分权,并认可通过处分其程序权利最终达到处分其实体权利的效果,但是我国目前的某些民事诉讼程序的启动和终结权利只能由法院享有,例如,法院享有审判监督程序、财产保全的程序和执行等程序发动权,再例如,当事人申请撤诉的,需经过法院的审查才能终结诉讼程序。以上种种现象都是对当事人程序主导权的侵犯,而我国现阶段表现最为突出的是"起诉难"问题,按照法律规定,只要当事人的起诉符合法律规定的条件法院就应当受理,可实际上这种情况下仍然会发生"起诉难",称之为真正意义上的起诉难。以下对此作进一步的阐述。

民事起诉权是公民合法权益得以救济的前提,也是接受司法裁判权得以实现的起点。如果法律对当事人的起诉规定很高的门槛或者当事人的起诉受到其他因素的制约,即使纠纷具有可诉性,当事人却不能"进入"法院,这种现象就是俗称的"起诉难"。我们这里讨论的是"真正意义上"的起诉难,即当事人认为起诉符合规定的条件,但是法院仍不予受理或暂不受理。出现这种情况有其表层原因和深层次原因。所谓表层原因包括两点:其一是司法腐败的原因。一些司法人员基于不正当动机和目的有意阻止诉讼审理。其二是法院考虑"结案率"的原因。为了"结案率"的统计需要,一些法院在年终前一段时间不再受理案件。所谓的深层次原因也包括两点:其一是法院对当事人的起诉适量控制的原因。息讼、减讼和ADR是法院这样做的指导思想。其二是"合法性限制"的原因。① 所谓合法性限制,是指根据现实社会形势的需要对那些虽然符合法律和司法解释规定的起诉进行的司法政策性限制。表层原因引起的"起诉难"虽然比较普遍,但是这些原因比较易于消除,与之相比,导致"起诉难"的深层次原因是目前社会关注的热点,其社会影响面巨大,也是集中体现了对当事人程序主导权漠视的典型代表。

法院对当事人的起诉进行适量的控制,其实质上是对法院审判社会

---

① 张卫平:《起诉难:一个中国问题的思索》,载《法学研究》2009 年第 6 期。

效果的考量，在建立"和谐社会"的大的时代背景之下，"和谐"地处理一些纠纷、争议更能缓和当事人之间矛盾，进而有利于缓和发生的社会矛盾。而法院之所以会考量审判的社会效果又是受到司法政策的影响。从理论上讲，法官唯一的上司就是法律，法律效果是其工作的出发点和归宿点。但是，实际上在我国，目前法官或法院的工作在很大程度上要去顾及社会效果，这与目前的司法政策是不无相关的。就民事审判权而言，我国目前的司法政策典型的特征是限制性和消极性。表现为对某些具体或某些类型的案件，在法律和司法解释规定的起诉条件范围内进行限制或者在某一特殊期间对案件的受理量进行控制。对于这些案件法院多以"经验不足"或"没有做好准备"为由，对于这些案件不予受理或冷处理，这实质上不过是一种司法策略性上的托词。在政府或者政府有关部门提出解决方案之前，法院是不可能受理这些案件并作出裁判的。从理论上讲，法官、法院依照法律的规定，对当事人提起的诉讼按照法定的程序作出相应的裁判，是法官、法院的职责所在。

对西方国家纠纷替代解决机制的误读和对司法信赖程度不高，而对当事人的起诉进行适量控制也是造成"起诉难"的一个重要原因。之所以会出现这样的状况，是由于对某些纠纷的法律处理过于敏感和没有正确认识诉讼裁判功能引起的。诉讼裁判也具有实现特定价值的功能。以群体性纠纷的解决为例，现在的司法政策基本上是排除诉讼代表人这种方式的，而实际上通过诉讼代表人的方式更有利于纠纷解决，更有利于矛盾的缓和。正确认识诉讼和裁判对于调整社会的作用是改善这种情况的唯一办法。

如果造成"起诉难"的原因是法院基于对社会效果的追求和"合法性限制"，那么如何在这个问题上改进起诉制度就显得比较复杂了。为了能够找到在这种情况下的改进措施，必须首先厘清产生"合法性限制"之基础的"司法政策"的合法性和合理性问题。从追求符合特定政治、经济、社会的要求来讲，法院遵循司法政策的指导，以实现某些特定案件的"实体正义"，这种情况下所造成的"起诉难"很难具有否定意义。而从人们的一般认识来看，对因司法政策调整所导致的"起诉难"基本持不接受的观点。而问题的关键在于人们对于"司法政策"的合法性和合理性的认识存在误解或者根本不接受。对"司法政策"持完全否定态度的人，一般都坚持认为相对于法律"司法政策"不具稳定性、缺乏规范化、行政性表现得过于强大,并且在具体案件中法律、司法解释应该得到充分的执行,法律、司法解释的效力远高于"司法政策"。然而,客观上讲,"司法政策"在我国当前的法治社会中有其存在的合法性和合理性。这个原因与我国目前为什么是混合型司法权威的模式理由相似。虽然,在我国目前的法律体系不健全,法律规定还不够科学、合理的情况下,"司法政策"对当事人程序主导权——起诉权的限制有其一定的正当性基础,但自觉型司法权威是我国司法权威树立的目标,从我国法治社会发展的方向来看,司法政策的调控作用应该受到法律的严格规制和规范,因此,从这个意义上讲我们应当进一步放宽对起诉受理的司法政策限制[1],逐渐地实现当事人对程序的完全主导。

(二)程序违法行为规制不完善

在我国司法实践中,违背司法程序规则的现象非常普遍。在各种程序违法当中,法官和法院成为程序违法的主体。司法程序规则是当事人的主体尊严在程序制度上的集中体现,对司法程序规则的违反实质上就是对当事人程序主体尊严的侵犯。就法官和法院而言,司法文书送达不符合规定、法律文书及笔录制作不符合规定、开庭不符合规定、宣判不符合规定等等行为都是程序违法的行为。应该注意的是当事人也是程序违法的主体,当事人会基于各种动机实施诸多违反司法程序规则的行为,例如,滥用诉权恶意诉讼;不按规定预缴诉讼费;不按时提交答辩状;不在法定或约定的举证期间内提交证据;指使证人做伪证或者采取引诱、胁迫、暴力的手段阻止证人做证;无正当理由拒不执行法院生效裁判等等。另外,其他诉讼参与人也会有违反司法程序的行为,例如,证人无正当理由拒不提供书面证言或拒绝出庭做证;鉴定人不按照法定程序进行相关鉴定导致多个鉴定结论不一致;民事执行程序中被执行人或案外人暴力抗法、拒不执行等也屡见不鲜。上述各种程序主体的种种违反司法程序规

---

[1] 张卫平:《起诉难:一个中国问题的思索》,载《法学研究》2009年第6期。

则的行为均会对当事人的主体尊严造成损害。

我国还没有建立司法制度保障机制,对于程序参与人的程序违法行为,民事诉讼法以妨碍诉讼的强制措施的形式专门规定,对于法官的程序违法行为的法律责任在《法官法》和相关司法解释里有规定,除此之外刑法中也对几种严重程序违法的行为规定了相应的刑事责任。但是客观上讲,目前的司法保障机制无论在责任范围、幅度等实体规定还是在责任追究的程序上都存在着很多缺陷。在实体性规定方面,现行司法保障制度对某些程序违法行为应承担的法律责任未作规定或规定畸形,并且偏重于行政责任而忽视对程序法律责任的规定,以及对程序违法的法律责任的规定整体上缺乏系统性和可操作性,从而在追究程序违法行为的法律责任时出现无法可依、有法难依的局面,难以对程序违法行为进行有效的制约。在程序违法行为法律责任追究的程序上,追究主体缺乏应有的权威性和中立性,追究手段缺乏及时性和主动性,且对程序违法行为法律责任的查处缺乏有效的监督机制,致使大量的违反司法程序规则的行为不能得到追究或及时、正确的追究,反而助长了法官和当事人行为的不合规则性。现行司法保障机制并没有发挥其强制实现司法程序规则的功能,导致违反司法程序规则、侵害司法程序主体尊严的现象得不到有效的抑制。因此,建立健全科学的司法保障机制无疑是非常重要的。

二、公开原则在一些程序中未被贯彻

法官审判案件不仅要判得正确、公平,符合实体法的规定和精神,而且还应当使当事人和公众感受到判决过程的公开、公正与合理性。程序是否公开、透明,很大程度上影响着人们是否作出认同法官所做裁判的决定,而人们对裁判权威性的认同是司法权威树立的关键。程序公开原则的核心是通过一系列的程序机制(包括程序原则和程序制度)限制法官的自由裁量权,尽可能地保证法官理性化地行使自由裁量权,消除或者避免所谓的"隐形程序","隐形程序"主要是法院内部的请示、批示、经验总结以及审判惯例等,当事人无法查阅、无从知晓,却起着很重要的作用,有时甚至成为法官审理案件的首选规则,客观表现就是司法裁判的"暗箱操作",容易成为司法不公和滋生司法腐败的温床。我国当前的某些诉讼程序制度就存在着这方面的明显缺陷,如果不加以改善势必会对我国司法权威的树立造成巨大的阻碍。而这其中具有我国特色的审判委员会制度以及公开审判制度是典型的代表。下面分别从这两项制度的现状着手分析对程序公开原则的违反,进而提出一些改善的建议。

(一)"审判委员会制度"存在的问题仍未解决

"审判委员会制度"是我国一项的独特司法审判制度。各地法院的审判委员会一般由正、副院长和各审判业务庭长(有的还有业务部门的负责人)组成,基本上是一个法院院领导和庭室领导的综合体,审判委员会本质上并不是一个审判组织而是一个行政组织,是行政管理模式在司法活动中的集中体现。"审判委员会制度"和现代审判的直接审理原则是背道而驰的,直接审理原则要求作出审理判决的法官必须直接审理案件,这样作出的裁判才是最接近案件真实的裁判。因此,法官在案件审理过程中应全程独立,不再将案件提交庭长或院长审批,庭长或院长也无权对其他法官审理的案件进行干涉。提交审判委员会处理的过程是不公开的,这种违背直接审理原则的做法实质上也是对程序公开原则的违反。

直接审理原则要求从事法庭审判的法官必须亲自直接从事法庭调查和采纳证据,直接接触和审查证据,听取各方当事人的辩论。[①] 直接审理的长处在于,审理案件的法官能亲自听取当事人的陈述、证人证言和辩论,并直接观察其态度或证据物体的实际情形,明白事情真相,作出公正的判断。[②] 审判委员会讨论决定案件,无法听取各方当事人的举证、质证和辩论,甚至也不能详细审阅所有的案卷资料,而主要依靠听取办案法官的汇报。而办案法官的汇报,且不说法官可能会因其个人私利的影响而表现出一定的倾向性,就是法官想客观如实地进行汇报,也避免不了因为个人的认知能力和理解力的局限性而有所偏颇。审判委员会仅靠听取这

---

① 陈瑞华:《刑事审判原理论》,北京大学出版社1997年版,第183页。
② 张卫平:《民事诉讼:关键词展开》,中国人民大学出版社2005年版,第287页。

种会带有一定倾向性或偏颇之处的汇报而对一个案件作出决定性的结论,难免不使人对其所作的决定的客观性产生怀疑。

程序参与是一项重要的诉讼原则,也是诉讼公正的重要保障。这一原则的核心思想是,那些权益会受到法庭影响的个人应当有充分的机会富有意义地参与审判过程,并对审判结果的形成发挥有效的影响和作用。这项原则主要包括三项基本要求:一是各方当事人能够自始至终到庭出席法庭审判;二是各方当事人能够有机会发表本方的意见、观点和主张,提出支持其主张的证据和证人证言,并与对方进行辩论或质证;三是当事人的合理意见和合法证据应当为法庭所采纳,从而有效地影响审判的结果。[1] 审判委员会讨论决定案件的时候,案件的当事人并不能参与其中,向审判委员会陈述意见、主张和提供证据。这样,案件的当事人实际上丧失了参与案件审理之中最具决定意义的阶段的权利,被剥夺了通过当面陈述意见和主张而影响审判结果的机会。

回避制度是诉讼法的一项基本制度,有助于保证诉讼的公正。按照诉讼法关于回避制度的规定,当事人对与案件有利害关系的审判人员,有权要求其回避。由于审判委员会讨论决定案件从来不向当事人公开,当事人也不可能要求与案件有利害关系的委员回避,因此不可能适用回避制度。

(二)公开审判制度仍不健全

公开审判制度要求人民法院在审判民事案件时,除法律规定的情况外,审理过程应当向群众、向社会公开。不公开审理的案件,也应当公开宣判。最高人民法院于2007年6月4日发布了《关于加强人民法院审判公开工作的若干意见》(以下简称《意见》),该《意见》的出台主要针对的是目前司法实践中制约当事人诉讼知情权的问题,这有利于维护当事人诉讼权利,促进司法公正与树立司法权威。

《意见》明确规定了人民法院审判公开工作的基本原则,即依法公开

---

[1] 陈瑞华:《刑事审判原理论》,北京大学出版社1997年版,第61~65页。

原则、及时公开原则和全面公开原则。明确提出了公开审判的内容除包括审判活动外还应当包括与审判工作相关的有效信息。这一做法对解决司法实践中诉讼信息不公开、不对称的现象具有十分重要的推动意义,这也有助于方便人民群众通过司法程序解决纠纷,以减少当事人的诉累和有助于遏制诉讼过程的"暗箱操作"。另外首次提出公开时限要求,有助于解决诉讼拖延的发生,提高诉讼效率。从审判公开的操作层面看,向当事人公开的范围和程度明显扩大,表现在:向当事人公开的信息和事项增多,例如,将公告开庭的事项扩展至案件的立案条件、由当事人提交的法律文书的样式、诉讼费用的收费标准及缓、减、免交诉讼费的基本条件和程序等。人民法院公开信息的渠道和方式也有所增加,例如,设置宣传栏或者公告牌、建立网站等公开形式。人民法院向社会公开的范围得到扩大,公开的方式也逐步增多。不仅当事人在诉讼中应当享有参与权和知情权,广大民众也享有对司法程序和特定案件的一定的知情权。为了实现和保障公众的这项权利,《意见》首次提出设立听证制度和庭审直播制度。《意见》对"全面公开"原则还作出了具体规定和解释,将审判过程公开进一步深入。例如,《意见》第 5 条规定:"要按照法律规定,在案件审理过程中做到公开开庭,公开举证、质证,公开宣判;根据审判工作需要,公开与保护当事人权利有关的人民法院审判工作各重要环节的有效信息。"

2007 年《意见》的发布的确提高了当事人诉讼知情权的实现程度。但是公开审判制度在立法和实践中仍然存在着不少的问题。第一,依据《意见》第 4 条的规定,法院应当在开庭前三天将案件案由、案件当事人姓名或者名称及开庭的时间和地点予以公告,但是《意见》却没有对公告的具体形式作出规定,并且对法院如果不予公告是否承担法律责任及承担何种法律责任也没有作出规定。第二,《意见》对应当公开审理而法院未予以公开审理是否承担相应的法律责任没有作出规定,并且对法院这样作出的判决是否有效也没有作出明确的规定。第三,《意见》规定法院不公开审理是以"决定"的形式作出的。由于我国目前的民事诉讼法只规定对"判决"和"裁定"可以提起上诉和再审,对"决定"是不能提起上诉的,这就使得当事人缺乏对法院不公开审理裁判进行抗辩的程序权利。第四,不公开审理的范围没有得到很好的解决,对所谓个人隐私、商业秘密的确定仍无统一的规定。在不同的规则中,对个人隐私、商业秘密的外延规定不一致,内容也不尽相同。而《意见》也没有对这一问题进行解决。第五,《意见》第 4 条规定:"法律没有公开时限的,要在合理时间内快速、完整地依法公开审判工作信息。"怎样才算合理的时间?显然也是由法院自己决定,弱化了公开原则对法院形成制约的目的。第六,《意见》第 6~10 条虽然均为法院的告知义务,却没有进一步规定法院没有尽到告知义务时应承担的责任,容易使法院应承担的这些法定义务流于形式。第七,《意见》对媒体的监督规定过于简单。媒体监督是一把双刃剑,规范媒体对司法的监督很有必要。第八,《意见》第 15 条对公民审判旁听作出了规定,但是依据该规定法院可以以审判场所等因素限制为理由而限发旁听证,而对这种类似限制因素的判断标准却没有作出明确规定,这样容易造成旁听限制因素被滥用,从而造成事实上的旁听不自由。

客观上来讲,我国公开审判制度已经得到了较大的改善,但是正如上文分析的那样还存在需要进一步完善的地方,正如黑格尔所言:"只有通过审判公开,公民才能信服法院的判决确实表达了法,才能唤起人们对审判的尊崇和信仰,从而更自觉地遵法守法。"

三、主体平等原则在一些程序中落空

程序主体平等原则的基本要求是:第一,程序参与者受到司法机关平等的对待;第二,程序的主持者(法官)与接受程序法律结果的法律主体任何一方不得有利益或其他方面的联系。司法程序中的平等原则表现为审判中双方当事人诉讼地位的平等、诉讼关系的平衡、司法信息的公开以及法官保持中立等。就民事诉讼而言,民事诉讼权利平等原则的内容包括:第一,当事人双方的诉讼地位完全平等。当事人诉讼地位平等,包含当事人平等享有诉讼权利和对等享有诉讼权利两个层阶,而实践中,法官往往重视对当事人平等权利的保护而忽视对当事人对等权利的保护。第二,人民法院平等地对待和保护当事人的诉讼权利。法官不仅要在诉讼程序进行中给予双方当事人平等的机会和便利,还要对各方的意见和证据予以平等的关注。法官一旦不平等对待当事人,就可能在认定事实和评定证据方面发生预断,形成偏执,以致作出错误的裁判。我国目前从立法和实践两个层面都存在对诉讼权利保障的缺陷。

(一)当事人诉讼权利平等原则的立法缺陷

当事人诉讼权利平等原则在立法上的缺陷表现在以下几个方面:第一,在撤诉问题上对被告权利的忽视。依《民事诉讼法》的规定,原告撤诉权的行使不以被告接受为条件,这一规定使被告处于不对等的境地,实践中法院在决定是否准许原告撤诉时,基本上不征求被告的意见。法院这样做不给被告对此表示反对的权利有违公正,更有悖于当事人诉讼权利平等原则。第二,对原被告缺席采取了不同的处理制度。对原告"按撤诉处理",而对被告则"按缺席判决"。按撤诉处理,原告仍可再次提起诉讼,不影响原告实体权利的行使。而缺席判决的效力等同于对席判决,一经生效被告就不得对此再次提起诉讼,其实体权利得到处理。显然,这种做法与当事人诉讼权利平等原则背道而驰。第三,赋予人民检察院再审程序启动主体的资格。人民检察院对非公益案件的抗诉再,在审事实上使得其监督权身份与当事人的身份混同,更重要的是这样做严重损害了当事人诉讼地位和诉讼权利平等的原则。第四,无独立请求权第三人的诉讼权利与当事人不对等。无独立请求权第三人在一审中程序中无权提出管辖权异议,无权提出变更或放弃诉讼请求,只有在判决其承担民事责任时才有权提出上诉。这种对无独立请求权第三人诉讼权利的不平等对待对其权益的损害是不言而喻的。第五,对原告、被告不到庭采取的强制措施不对等。被告不到庭适用拘传而原告不到庭则不适用。被告不到庭也是其对权利的放弃,法院同样可以缺席判决,而无须强制其到庭。

另外,实践中普遍存在法官在债务人未提出时效抗辩时依职权主动适用时效的现象,法官的这种做法既是对"不告不理"原则的直接违背,也是对当事人之间的攻守平衡状态的破坏。除此之外,法官在诉讼中普遍存在忽视或不尊重当事人庭审陈述和法庭辩论的倾向,受其影响法官并不注重保证当事人有充分的时间来行使陈述权和辩论权。法官这种漠视当事人充分行使诉讼权利的做法实质上是一种隐性侵权。

(二)空缺的滥用诉权处罚措施造成诉讼权利保障的不平等

我国目前没有明确的对滥用诉权行为的处罚和对受害者权利保护的法律规定,这种情况下造成法院因无法律依据难以对滥用诉权者进行相应制裁,受害者从而无法得到法律的保护,这在客观上造成了对滥用诉权行为的纵容。

在我国法治社会大发展、公众权利意识突飞猛进的背景下,这种立法和司法上对滥用诉权规制的缺陷显然难以满足当事人诉讼权利平等保障的要求,同时也造成了极大的尴尬局面;一面是受害者处于彷徨、无奈的境地,另一面是法院和法官处于"巧妇难为无米之炊"的尴尬状态。"对于一方当事人滥用诉权的诉讼,由于滥用诉权行为的性质不明确、滥用诉权行为是否应予规制处于尚不知晓的境地,人民法院仅能对无辜被告者作出胜诉的肯定性评价,而对于无辜被告者无端身陷诉讼后为证明清白而四处奔波、调查取证、聘请律师等所花费的代价,法官也只能深表同情,爱莫能助。"①

即使受到侵害的一方当事人针对滥用诉权行为向人民法院提出了损害赔偿的诉讼,法院也只能要么不予立案受理,要么虽然立案予以受理,但鉴于实体法与民事诉讼法本身规定的空缺而只得劝告当事人撤诉或者驳回当事人的起诉。与此形成鲜明对比的是滥用诉权的行为所造成的消极影响却是客观存在的:其一,无辜的人们的权益遭受到莫名的、不应有的侵害,人们平静的生活和平静的心态横遭骚扰,和谐的秩序被打破;其二,人民法院有限的司法资源被浪费,同时也无端增加了人民法院的工作量;其三,遭受侵害的一方当事人,会因得不到司法途径的保护,不可避免地会对司法权威产生不信任,从而会寻求司法之外的其他途径找到公平、正义,这势必会一方面增加社会不安定因素,另一方面也不利于司法权威的树立。因此,从保障当事人诉讼权利平等的层面来讲,有必要针对我国目前对滥用诉权的法律规制不健全的问题,从立法和司法上制定出相关

---

① 张晓薇:《民事诉权滥用规制论》,四川大学 2005 年博士学位论文。

法律和操作程序，以利于对当事人合法权益和社会秩序的维护以及司法权威的树立。

(三)司法政策的影响导致诉讼权利实质上的不平等

1. 从起诉难看司法政策的不利影响

在我国，目前法官或法院的工作很大程度上要去顾及社会效果，这与目前的司法政策是不无相关的。就民事审判权而言，我国目前的司法政策典型的特征是限制性和消极性。表现为对某些具体或某些类型的案件，在法律和司法解释规定的起诉条件范围内进行限制或者在某一特殊期间对案件的受理量进行控制。"关于非法集资案件、上市公司虚假信息侵权纠纷案件、涉及三线企业的纠纷案件、采矿权纠纷案件、小产权纠纷案件、土地使用权纠纷案件、破产纠纷案件、毒奶粉侵权纠纷案件、自然灾害如地震所引发的赔偿案件以及涉及社会、政治、经济等敏感问题的案件，法院的受理都会严格限制。"① 法院多以"经验不足"或"没有做好准备"为由，对于这些案件不予受理或冷处理，这实质上不过是一种司法策略性上的托词。在政府或者政府有关部门提出解决方案之前，法院是不可能受理这些案件并作出裁判的。从理论上讲，法官、法院依照法律的规定，对当事人提起的诉讼按照法定的程序作出相应的裁判，是法官、法院的职责所在。但是，我国的法院在受理这些案件之前却要以政府的态度和解决方案为受理案件的前提。究其深层次的原因有以下几点：其一，源于我国现实社会法治的特殊性。其二，源于特定权力架构下的司法制度与司法能力的有限性。其四，源于我国法律调整范围和作用的有限性。其三，基于意识上和方法论上的实用主义、相对主义和特殊主义。② 基于

---

① 例如，最高人民法院经济庭于 1991 年 9 月 29 日作出的《关于南宁市金龙车辆配件厂非法集资纠纷是否由人民法院受理问题的答复》中就指出，作为非法集资纠纷，在经政府联合工作小组做了大量工作的情况下，如将该纠纷交法院处理，将会拖延时间，不利于纠纷及时解决。因此，该纠纷仍由人民政府和有关主管部门处理为妥。参见张卫平：《起诉难：一个中国问题的思索》，载《法学研究》2009 年第 6 期，第 38 页。

② 张卫平教授对"起诉难"的深层次原因进行了非常细致而深入的分析，参见张卫平：《起诉难：一个中国问题的思索》，载《法学研究》2009 年第 6 期。

上述原因,导致了在某些情况下司法机关的"不应作为"和司法能力的有限。"起诉难"因而也就成了一种客观必然。从制约我国现阶段法治社会进程的法律、社会、经济等因素的考虑出发,这种司法政策对起诉的调控有其一定的合理性,但这种对当事人起诉权的限制毕竟是以牺牲对诉讼权利的保障为代价的,尤其是在一些上述所列的带有一定社会影响力且当事人双方存在诉讼地位实质不平等的案件中,本来公众与强大的被告相比已经处于明显的劣势,当公众的权益受到损害之后法院由于受到司法政策的影响却对当事人的权利请求拒之门外,这显然造成了当事人诉讼权利实际上的不平等。从我国法治社会发展的方向和自觉型司法权威的目标来看,应当逐渐限制和取消司法政策对起诉权的影响。

2. 调解固有缺陷与司法政策的不利影响

中国传统的调解是官员或调解者运用手中的权力主持纠纷的解决,体现的不仅是传统文化的传承,更体现了一种权力技术的运作和国家治理的过程。传统的儒家调解具有压迫性、剥削性且桎梏个性发展的缺点,它是用以维持不合理的、充满特权和宰制性的社会等级制度的工具,它缺乏公正程序的保障,并不存在真正意义上的制度性制约,它的着眼点不是事情的对错以及公义何在而是对理想和谐秩序的追求,并以人们正当的和合法的权益作为牺牲。儒家传统调解这些固有的缺陷至今影响着我国的法院调解制度。

调解与和谐秩序的追求具有天然的契合性,因此,我国法院调解制度发展的趋势总是与社会发展的背景密切相关。强调法治的时候,法院调解的总体趋势会直线下降;强调和谐社会发展的时候,法院调解会出现繁荣的趋势,甚至于回归至已经被理论界和实务界批判的传统调解模式,"马锡五审判方式"的回归就是典型代表。从理论上讲,法院调解程序及方法具有极大的灵活性,审判人员受诉讼程序约束,且调解结案无上诉问题,这些为法官利用调解中的特殊身份和主导地位,滥用司法权力,违背自愿、合法原则调解提供了便利。例如,实践中有些法官或受私利影响或受地方保护主义的利益驱动,强行调解或变相强行调解,或无原则地"和稀泥"。现行民诉法对调解和判决程序未作分离,造成了民事诉讼程序的不和与紧张,模糊司法解决纠纷和司法外解决纠纷的界线,法律公平与正义未得到充分体现,并最终可能使司法迷失本性等诸多弊端。除此之外,法院调解所负担的政治功能极易被扩大化,法院调解受到社会形势与政策影响的现象相当明显。在强调审判方式改革的过程中,实践中一些地方尽量用判决或调解稍有困难即用判决方式结案,出现了从"以调解为主""着重调解"的一种极端向以判决为主、着重判决的另一种极端发展的局面,使法院调解呈现出"门庭冷落"之势。而在国家提出建立和谐社会与和谐司法的背景之下,调解再次被重视,甚至以河南省高级人民法院最为典型,搞起"马锡五"审判方式的改革,进而全国上下大有回归马锡五审判方式的趋势。此次马锡五审判方式的回归,有其特定的时代背景与特定的政治氛围。在这种形势的影响之下,实践中出现了很多法官强制调解的现象,这无疑是对当事人诉讼权利的恶无视,是对司法权威的践踏。诉讼权利平等原则的要求之一就是当事人之间诉讼关系的平衡和信息掌握的平等,然而在现阶段强调法院调解的大背景之下,出现诸多"权利不平衡"的问题。从应然角度讲,当事人必须在相互平等的基础上通过谈判达成真正的意志汇合。他们应当有平等的讨价还价的能力:经济资源、社会力量、信息获得方面的差异通常意味着谈判不可能是真正不受强制的。

四、程序制约原则在一些场域中作用有限

法谚云"程序之于权力,犹如牢笼之于猛兽"。人们运用权力又不得不防范权力。司法程序的制约作用表现为:其一,司法程序内部对司法权的制约;其二,司法程序对其他公共权力的制约;其三,司法程序中权利对权力的制约。司法程序的制约作用对司法权威的树立是一种外在的保障,然而,司法程序本身并不是完美的,有其局限性,为弥补这种局限性就要对程序制度进行不断建构和不断完善。除了要认识司法到程序自身的局限性外,还要警惕现实中的"司法程序虚无"和"司法程序虚置"的问题,应当回归司法程序本质的功能,即保护当事人的权利和维护法律及司法的权威。司法因公正而权威,司法因权威而公正。司法权威的核心要求司法公正,拒绝司法权的专横和恣意。司法公正既要裁判结果体现公平和正义,同时也要遵循平等和正当的程序原则。客观上讲,我国目前存在

司法程序制约原则在一些场域中发挥的作用有限,直接导致对司法权威的树立造成不利影响。

(一)司法程序对法官自由裁量权的制约不够客观化

司法权是一种裁判权,裁判当然就离不开法官的自由心证。而自由是一把双刃剑,法官对证据的判断亦是如此。为了限制或缩小法官恣意的自由心证所带来的负面影响,自由心证需要客观化,即在保障法官心证自由的前提下使心证尽可能客观、真实,通过将证据证明力法定化以及制定各种证据规则来限制法官滥用心证的空间。

《民事诉讼证据若干规定》以现代自由心证理论为依据,"树立了具有中国特色的法官依法独立审查判断证据的原则,既强调审判人员审查判断证据应当遵循法定程序、依据法律规定,也强调审判人员应当遵循法官职业道德,运用逻辑推理和日常生活经验对证据进行独立判断,并公开判断的理由和结果"[1]。这些对法官自由心证的合理限制表面看是对自由心证的一种制约,而本质上是自由心证得以充满活力地存在的理由。[2] 其中法官按照法定程序审查判断证据,并将判断的理由和结果予以公开,而后心证结果接受程序监督等是程序制约法官自由心证的集中体现。客观上讲,自《民事诉讼证据若干规定》树立法官自由心证制度以来,不仅适应了新的诉讼模式的需要,也使得法官审理案件的公正性有了较大的保证,但是实践表明我国目前司法程序在对法官自由裁量权的制约方面还有不足,集中表现在以下几个方面:第一,法官的心证过程并未予以完全公开。心证过程的公开是现代自由心证的核心内容,是当事人防备突袭的基本保障。心证过程主要包括:其一,法官对当事人的争点如何作出判断,法官的心证范围是否仅限于争点的范围;其二,法官分配证明责任的理论依据或法律依据是什么;其三,法官如何判断当事人的举证已经达到

---

[1] 李祖军:《契合与超越——民事诉讼若干理论与实践》,厦门大学出版社2007年版,第127页。

[2] 李祖军:《契合与超越——民事诉讼若干理论与实践》,厦门大学出版社2007年版,第128页。

证明标准,逻辑分析过程是怎样的;其四,法官解决纠纷依据什么样的法律,理由是什么等。只有将这些法官心证的过程让当事人获悉,他们才能了解法官在事实认定和法律适用方面的方略,并在此知悉的基础上组织有效的攻击与防御,从而体现程序正义,进而最大限度地实现实体公正。然而,我国法律虽然规定了法官要在裁判文书中写明裁判理由和结果,但是司法实践中法官并没有真正做到心证的公开。第二,合议制和心证公开。我国民事诉讼实行合议制,而自由心证对于合议庭的法官并不适用,即合议庭的法官只需要讨论作出裁判结果,至于心证的过程是不公开的,这显然是与现代自由心证制度相违背的。理论上讲,合议庭也是由具体的法官组成,其意见的形成仍然是个体法官经过自由心证的过程而形成具体的意见,合议庭也必须尊重个体法官的心证历程,而合议庭的评议也是在具体法官的意见基础上共同、一致形成的,形成一种新的心证结果。因此可以说,心证公开与合议制并不矛盾。第三,心证结果纠错机制不健全。"法官的判决作为心证结果公开以后,不仅要接受当事人及其代理人、社会公众的法律评价,而且对于错误的判决——即明显违背事实与法律的判决,必须设置必要的纠错机制。"①鉴于我国在实践中判决书的裁判理由普遍不充分的状况,作为这种纠错机制的二审、再审等实际上并不涉及法官心证的内容。

(二)司法程序对其他公共权力的制约显得无力

司法权威的建构,除了司法程序内部的制约,还需要司法程序对其他公共权力的制约,限制其他权力对司法权威形成的危害。在司法过程中要做到以权力制约权力,各权力机关之间必须严格按照程序办事。

司法程序对其他权力的制约主要表现为对行政权、立法权的制约,而这个问题本质就回归到司法权与行政权、立法权的关系问题。就司法程序对行政权的制约来讲,在我国司法机关依附于行政机关,司法地位低于行政的地位,这是不争的事实。我国目前法治环境下,司法机关与行政机

---

① 李祖军:《契合与超越——民事诉讼若干理论与实践》,厦门大学出版社2007年版,第135页。

关的关系表现在三个方面:其一,法院的设置对应于它的行政区划,地方行政权"代行"法院的人、财、物的管理权;其二,审判程序的各个环节均有可能受到行政命令的干预,甚至整个审判程序就是行政模式的翻版;其三,法官选任和待遇完全公务员化。这些都表明司法权与行政权的权力博弈中明显处于弱势地位,显然司法程序对行政权的制约势必会显得软弱无力。就司法程序对立法权的制约来讲,集中体现在司法审查制度之上。所谓司法审查,是指司法机关通过对立法机关和行政机关制定的法律、法规及其他行使国家权力的活动进行审查,宣告违反宪法的法律、法规无效及对其他违法活动通过司法裁判予以纠正,从而切实维护宪法的实施,保护公民和法人的合法权益。[1] 司法审查制度的产生与发展是司法能动性的重要标志之一。司法权的这种能动性运作旨在控制立法权不被逾越和滥用,使国家权力在合乎宪法的范围内运作,从这个意义上讲有利于法治社会的建设和发展。从世界范围来看,西方各国虽然采取的司法审查模式和实际的运行存在着较大的差异性,但有一点是相同的,即各国都十分重视宪法的解释和适用,尤其是注重借助于司法权的行使而保障宪法的实施,并对立法权及行政权予以制衡。鉴于我国的司法权并不完全独立,所以在我国不存在真正意义上的司法审查制度,因此,司法程序对于立法权的制约作用是不存在的。

(三)司法程序中权利对权力的制约机制不够完善

在司法程序中,为了保证司法公正,除了权力对权力的制约,还需要权利对权力的制约。因为,当事人是程序的主体,当事人享有的诉讼权利对法官的裁判权也有制约的作用,这种制约也是防止司法不公、树立司法权威的重要途径。例如,当事人享有申请回避的权利、辩护的权利、对证据举证及质证的权利、不服裁判上诉和申请再审的权利等等。经过我国多年的法制建设和司法改革,应当讲对于当事人的申请回避的权利、举证及质证的权利、辩护的权利等的保障已经取得了非常大的进步,目前司法

---

[1] 王利明:《司法改革研究》,法律出版社 2000 年版,第 264 页。

程序中权利对权力的制约不足集中反映在对当事人申请再审权利的保障不利上。应当讲经过民事诉讼的修正和相关司法解释的出台，在当事人申请再审权利的保障方面取了一些理念上和具体制度上的进步，但是仍然存在着许多需要完善的地方。下文对我国司法权威目标实现的程序制度保障的论述中将会对我国目前的再审程序作详细的阐述，这里不再赘述。

五、程序及时性原则要求未予满足

司法程序的效率是司法权威的支撑点和体现。及时性是衡量和评价司法程序正当性和合理性的一项重要尺度。讲求程序的及时性就是为保证公正审判而在过急和过缓这两种极端状态之间寻求一个既能查清事实又能让当事人各方都可以接受的中间状态。程序过急进行，当事人的程序参与性将大大降低，法官也会因没有充分的庭审准备时间而不能做到从容不迫的审判和作出冷静细致的评判；而如果程序过缓进行，审判的成本将大大增加，审判拖延带来的不仅仅会是司法资源的大量浪费，而且也会对社会公共福利造成损害，不仅如此，审判程序的过缓还会增加不公正裁判结果产生的可能性。司法程序如果过于复杂、过于专业化就容易导致诉讼延迟、裁判效率低下和诉讼费用昂贵等一系列的问题，这样既不符合当事人的利益需求，也不符合程序本身的意义。因此，在强调司法程序性的同时，也要讲求司法程序的及时性。

讲求司法程序的及时性也即如何提高司法程序的效益，主要通过两个途径来达到这个目的：第一，降低司法裁判所消耗的资源成本，通过降低审判成本和降低当事人成本达到这样的效果；第二，加快办案速度，提高司法效益。这个途径的实现都于单位案件的审理时间的节省，这样必须通过对司法程序的改善来得以实现。具体而言，通过优化和简化司法程序、严格诉讼期间、加强案件管理以及规制程序滥用行为等来满足程序及时性要求。

(一)司法程序繁简不合理

司法程序的繁简程度和合理化程度决定着案件审理的时间,一般而言,司法程序越复杂、越不合理,则案件的审理时间就会越长;反之,司法程序越简易、越合理,案件的审理时间就会缩短。从这个意义上讲,程序的繁简分流就意义重大。所谓繁简分流是指在案件立案之后,根据案件的难易程度,将简单的案件集中到简易程序中进行审理,以加快案件的审理速度。① 在案件繁简分流的基础上,通过减少程序环节、优化程序措施,实现程序简易化、合理化,既节省了案件的审理时间又降低了司法成本。简化司法程序已经成为世界各国司法改革所普遍推行的措施。我国目前的民事诉讼简易程序已经不能适应社会发展的需要,应当在此基础上对简易程序再进行分化,建立起小额司法程序,并不断根据司法实践的情况对小额司法程序进行再优化。小额司法程序适用于那些小额民事赔偿案件,对这类案件只要经过当事人双方的同意就可以采取独任审判和一审终结,并且相应的司法程序环节也可以简化。

(二)诉讼期间执行不严格

期间是指法院、当事人和其他诉讼参与人单独或者会合实施完成诉讼活动所应遵守的时间。期间制度的目的,一方面是为了保证法院、当事人和其他诉讼参与人有足够的时间完成相应的诉讼活动,另一方面也通过规定他们完成诉讼活动的期限,防止拖延诉讼,从而提高诉讼效率。② 我国程序法都对法官审理案件的期间进行了明确的规定,例如《民事诉讼法》规定:"人民法院适用普通程序审理的案件,应当在立案之日起 6 个月内审结。有特殊情况需要延长的,由本院院长批准,可以延长 6 个月,还需要延长的,报请上级人民法院批准。"在法定期限内审理完案件是法官应尽的基本职责,可是在实践中经常出现法官超时审理案件的现象,不少

---

① 王利明:《司法改革研究》,法律出版社 2000 年版,第 80 页。
② 张卫平:《民事诉讼法学》,法律出版社 2010 年第 3 版,第 69 页。

法官在超过法定期间后未给予当事人合理的解释，招致当事人的不满。有的案件由于法官审理拖延的时间太长，一些本应胜诉的当事人因支出一些不应有的或不合理的费用，不得不接受法院的调解或者干脆撤诉。除此之外，一些法院故意拖延审判期间已经成为司法地方保护主义的一项措施。因此，要完善对这类故意拖延审理期限或变相延长审理期限的行为规制和制裁的相应制度，在法院内部要建立严格的法定期限内结案的规则和评估标准。

（三）案件管理不高效

一般而言，司法周期延长，案件将占用法院更多的人力、物力和财力，同时，当事人负担的司法成本也会随着时间的延长而增加，不利于公众"接近司法"，社会秩序也会因为纠纷长期得不到解决而不能恢复正常。加强案件管理、加快司法节奏体现在审前和审后两个阶段。加强法官对案件的审前管理有利于避免司法因程序参与主体的非正当原因而造成不必要的迟延。例如，建立促使律师遵守庭审活动的日程表；在审前明确和缩小案件的争议范围等。加强案件的审后管理，促使法官及时作出裁判，有利于缩短司法周期，提高司法资源利用率。

六、本章小结

完善的程序机制为司法权的独立和司法权威的树立都起到了"保驾护航"的作用。从司法服从行为产生的心理机制来考察，正义等价值观念在司法信息整合处理的整个过程中不仅参与心理机制的各个阶段，而且起到很重要的作用。司法程序是否符合程序理性、程序主体平等、程序制约以及程序及时等原则的要求是衡量司法程序是否正义的标准。司法程序机制是法治环境的必要组成部分，在我国整体法治环境"差强人意"的状况下，司法程序机制表现出很多诟病，诸如缺乏对人性尊严的足够关怀、公开原则在一些程序中未被贯彻、主体平等原则在一些程序中落空、程序制约原则在一些场域中作用有限、程序及时原则的要求未予满足等,我国司法程序(从民事诉讼制度的角度)存在的这些诟病实难满足程序正义的要求。因此,这些客观存在的不足无论是在司法信息的输入阶段、司法信息的整合处理阶段,还是司法行为的指令和司法认识的指令阶段都会对司法服从行为的产生起到负面的作用。从司法权威树立的心理机制和心理过程而言,必须要改善我国司法程序制度现状。

第五章

我国司法权威的目标及实现

一、我国司法权威的目标

通过本书第三章和第四章的分析，我们发现与西方法治国家的司法权威模式相比较，我国无论在司法权威生成的政治制度、司法制度，还是具体的程序制度方面都存在着自己特殊的情况，混合型的司法权威模式就是这种情况的直接表现。虽然，社会转型的特殊历史时期是混合型司法权威存在的最大的正当性理由，并且从建设社会主义法治国家的目标来看，这种司法权威的形态显然只是一种过渡，但是毕竟在这种司法权威模式之下存在着诸如权利保障不力、为了国家和社会整体的利益牺牲个体利益的情形，而就国体、政体和经济制度而言，在我国个体利益与国家利益、社会利益不存在根本冲突，而是高度保持一致的。出现这样的情形并不是我国司法权威应有的状态。我们应该在清醒认识到目前混合型司法权威存在合理性的同时，发现存在的不足和问题，重新从我国的政治制度、经济制度、司法制度以及政党制度等角度审视我国的司法权威这一命题，只有这样我们才能更加明确我国司法权威树立的目标，进而为了目标的实现对影响司法权威树立的各种制度和因素作出适时而合理的调整，反过来这种调整也更有利于我国司法权威的树立。下文将按照这样一个逻辑展开进一步的论述。

(一)国体和政体与目标的设定

从对司法服从行为产生的心理机制和过程的研究中,我们发现个体内在需要是司法服从行为产生的动机根源,而这种动机根源的产生会受到外在诱因的影响,在这些外在诱因之中作为个体生活和生存离不开的组织,例如国家和社会,在这个动机产生的过程中影响是最大的。客观上讲,不同的国家制度和政治制度会使得个体产生不同的内在需要,这种不同的内在需要又会产生出不同的司法服从行为,司法服从行为的产生即意味着司法权威的树立。因此,国家制度和政治制度是影响司法权威树立的非常重要的因素。

我国的国体是人民代表大会制度,政体是人民民主专政制度。我国的国体和政体的关系是统一的,即一切权力属于人民,权力来源于人民也最终服务于人民。所以从国体和政体的层面上讲,既然一切权力包括司法权都要为人民服务,满足人民的需要,而且人民的内在需要又是司法服从行为产生的动机根源,那么这就决定了我国的司法权威必须以人民为本,必须以人民利益需求为指向。因此,可以说我国的国体和政体是决定我国司法权威目标设定的因素之一。

(二)执政党的领导与目标的设定

在阶级社会里,任何情况下或任何形态下都不能忽视执政党对司法、对司法权威的影响。政党制度是世界各国当前所采用的主要政治形式,通过对政权的掌控,执政党可以国家的名义管理国家和社会公共事务。并且执政党可以通过法定的程序把它的主张和意志转化为国家意志,使之法律化、制度化,进而实现对社会和国家的全面领导。在我国中国共产党是执政党,党的这种执政地位是在我国长期革命和建设过程中形成的,是历史的选择、人民的选择,且我国的宪法确定了党的领导地位。我们党的性质是工人阶级的先锋队,它代表着最广大人民群众的利益,党对国家的领导实质上就是领导和支持人民当家做主,代表人民群众的利益来组织和管理国家和社会事务,管理经济和文化事业。

党的利益和人民的利益是一致的,人民的意志就是党的意志,当党的意志通过法定程序上升为国家意志的时候,国家的意志也就是人民的意志,三者是相互一致的。法定化的党的意志表现为具体的法律制度和司法制度,这些法律制度和司法制度从根本上讲也就是人民意志的体现。所谓"司法为民"就是这个意思。司法是人民意志的体现,司法当然要为人民服务。然而,人民并不领导司法,而是授权其利益代表——中国共产党这个执政党来领导。因此,党对司法的领导以及对司法权威树立的领导都必须严格按照人民的要求去组织和活动,并且遵守法律和司法的规范,而且党对司法的领导不能影响司法权威的树立,而是应该有助于司法权威的树立。然而,我国目前的实际情况是党对司法的领导还存在不规范、不合理的地方,这些都对司法权威的树立造成了不利的影响。所以,我们应当反思党的领导与司法权威之间的关系,只有这样才能明确司法权威树立的目标。

(三)社会和经济发展与目标的设定

当前,中国社会最深刻的变迁发生在经济领域。我国的经济正在向市场经济机制过渡,这种经济形态的转型和发展所带来的意义是极为深远的,它给今天的中国人民带来了真正意义上的思想解放,人们的权利意识有了巨大的变化。市场经济形态下,人们的利益需求变得多元化,人们之间的社会关系也变得复杂化,为了应对这种变化了的情况,我国的法律规则的数量越来越多,密度也越来越大,覆盖面也越来越广,社会对法律和司法的需求达到前所未有的高度。从经济发展的规律来看,商品经济尤其是市场经济在本质上来讲就是法治经济。而从深层次上讲,这也是利益冲突数量增多和形态种类增加的客观需求,因为在这种情形下法律和司法如果不采取应对的措施,恐难维持稳定的社会秩序。从这个意义上讲,司法权威必须具有解决纠纷的国家职能,从而保持社会平稳而快速地向前发展。随着经济的发展,人们的权利意识发生着变化,人们越来越重视对自己权利的保护,所以司法权威在解决纠纷和维持社会秩序的同时,不得不将更多的精力和重点放在对个人权利的保障之上,但我国目前司法权威仍将解决纠纷、维护社会秩序作为第一要务,这样显然不符合客观发展需求,而且从我国社会主义市场经济发展的目标来看,市场经济从某种意义上可以说是权利经济,因此,我国司法权威目标的设定必须考虑到我国社会和经济发展的客观规律。

(四)法治发展规律与目标的设定

设定什么样的司法权威模式目标不是一个纯粹主观的活动,而是一个需要考虑诸多因素,由多种因素综合作用的结果。司法权威模式的树立必须密切关注促使司法服从行为产生的内外在主客观条件和因素。从心理学的角度讲,只有满足和符合司法服从行为产生的心理机制的各种要求,这样的司法权威模式才具有其存在的正当性和合理性。回顾司法权威模式发展的历程我们可以发现,在原始社会和奴隶社会早期,因为人们几乎是完全的利益共同体,社会关系简单,利益冲突不激烈、不明显,权威主体的力量来源于"神意",习俗和习惯是权威存在的基础,不存在法治,所以也就没有司法权威。随着阶级社会的出现和发展,人们之间开始形成利益对立的阶级,社会关系开始复杂化,社会冲突也开始变得激烈化,于是解决纷争、维持社会秩序成为了国家的主要职能,这种职能主要通过司法来实现,在这个国家职能的实现过程中司法权威逐渐建立,由于这一时期司法权威的主要职能是解决纠纷和维持社会秩序,对人们权利的保障少有关注,所以这个时候的司法权威主要依靠国家强权来实现,人们对司法权威的服从不是信服的而是被迫的。在这样一种法治环境下产生的司法权威就是所谓的他律型司法权威。然而,随着社会的进一步发展和商品经济、市场经济的发展,社会机构开始发生分化,两元的社会结构形成,人们利益的呈现多元化趋势,社会关系也越来越复杂,人们之间的利益冲突也越来越多、越来越尖锐,这种情况下司法权威仍然必须具有解决纷争、稳定社会秩序的职能,但是基于两元的社会结构和人们权利意识的增强,此时保障权利势必成为司法权威的首要职能,否则司法的权威性就会受到挑战和冲击。因此,顺应社会发展和法治发展规律,建构自觉型的司法权威模式就成为了历史的必然。

(五)结论:目标为自觉型司法权威

我国正处于社会转型的特殊历史时期,社会结构发生变化,市场经济,人们的思想得到前所未有的解放,权利意识越来越强,社会结构的变化、经济的发展便得人们之间的关系变得越来越复杂,计划经济原有的那种单一的社会关系逐渐已经淡出历史舞台,人们对"单位"的依赖越来越少,这种情形下人们自我权利意识开始发生巨大变化,越来越重视对自我权利的主张和保护。市场经济是法治经济,需要司法权威解决纠纷、维持社会秩序的职能发挥,但同时市场经济更是权利经济,对个体权利的保障是市场经济顺利发展的应有之意。

由于我国计划经济体制长期存在的影响,以及我国传统法治文化和历史传统的原因,我国法治的实现和司法权威的树立不是一蹴而就的事情,而是一个复杂的、长期的过程。党和国家已经认识到为了适应经济发展的需要,客观上需要对司法权威进行调整,于是我国目前"政府推进型"的法治实现模式促成了我国目前混合型司法权威模式的产生。这种混合型司法权威模式有其存在的正当性和合理性。但是从根本上讲,从司法服从行为产生的心理机制来讲,人们内心的需要才是司法服从行为动机的根源,所以在政府强大外力推进下形成的混合型司法权威模式并不完全符合司法服从行为产生的科学规律。通过以上对我国国体和政体、社会和经济发展、党的领导以及法治发展规律等层面的分析,我们可以得出这样的结论:自觉型司法权威模式应当是我国司法权威树立的目标。

二、我国司法权威目标实现的理念保障

自觉型司法权威是司法权威发展的高级阶段,它是中国司法改革的理论基石,更是中国法治建设和司法发展的最终目标。自觉型司法权威是指人们(包括权威主体和受体)不仅已经意识到司法作为一种权威存在,并有意识地实施或服从司法,而且真正意识到了司法权威在保障权利

和维护社会秩序中不可替代的作用,自觉服从司法权威主体的意志、认同司法权威主体的价值体系。自觉型司法权威的首要职能是对个体权利的保障。这是司法权威历史发展的选择,符合法治发展规律的要求。对于这一点的认识,司法权威主体和受体必须保持理念上的一致,尤其对于司法权威主体而言要把握好这个认识。就我国而言,人民法院要更新司法价值理念和司法权威程序理念,只有科学正确地指导人民法院的具体工作才能真正有益于我国司法权威的树立。同时,司法权威受体也应当与司法权威主体的意志达成认同和理解,只有这样司法服从行为才是真正信服而作出的。而权威受体对权威主体意志的自觉服从是自觉型司法权威的另一个明显的特征。

所以,司法权威主体保障权利观点的强化以及司法权威受体对于主体意志的尊重和认同是我国自觉型司法权威树立的两大理念保障。

(一)司法权威主体权利保障观念的树立

如前文所述,自觉型司法权威也有解决纠纷、调控社会秩序的功能,但与他律型司法权威不同,自觉型司法权威最重要的功能是保障权利。司法权威首要功能发生的这种更替有其历史的必然性和客观性,前文已经对导致发生这种变化的原因进行了分析,这里不再赘述。按照契约论的观点,司法权威主体拥有的权力和司法资源是理性的人们通过契约授予的,人民法院作为社会公平和正义的化身,没有理由拒绝对人们权利的保障和维护,反过来,人们会因为自己权利保障和维护的需求得到满足而对司法权威产生信任和服从,这是一种司法权威系统内良性的关系动态。

1. 权利保障观念的强化

观念既是司法制度构建的基础,又是司法制度运行的驱动力。司法权威的树立离不开观念的支撑和推动,尤其是司法权威主体的司法观念。要构建司法权威的实现机制,必须首先培养司法权威主体的权利保障意识,使其成为司法权威树立的观念性动力。

人们权利保障的需求指向两个方面,即实体正义和程序正义。理论上来说,人们对实体正义的追求需要程序正义来保证和实现。因此,要实现司法正义和公正,首先要求法官具备程序正义的司法理念。就程序正义的理念而言,要求人民法院建立程序权威的理念和正确的司法程序价值观。公正的程序一方面有助于限制和排除法官的恣意和臆断,最大程度地保障实体正义的实现;另一方面有助于公众对法院和司法程序的权威性产生普遍的认同和信服,从而达到通过司法权威的树立实现法治秩序的目标。然而,在我国由于受制于传统法制的影响,程序一直以来都被当作实现实体正义的工具,没有自己独立的价值,这种理念从根本上讲是极不利于保障人们权利的。程序权威的理念就是要打破这种传统的认识,让人民法院认识到审判权是一种程序权,不按照司法程序的要求行使权力就是一种司法违法行为,要承担相应的法律责任。

程序平等性原则是程序正义的要素之一,这要求法官和法院在行使司法权时,不仅要平等地对待所有的当事人,而且要认识到并保证纠纷当事人的程序主体地位,要充分有效地保障当事人各项程序性权利的行使。具体而言,法官要给予当事人平等的诉诸法院的权利和充分的陈述案件事实、主张权利以及相关举证的机会,法庭的辩论程序要保障当事人各方辩论权的有效行使,使各方有平等的攻击防御的武器,法官在此基础上明确争点,以双方当事人经过认证、质证的证据作为作出裁判的依据。除此之外,落实当事人程序主体地位还体现在法院判决书的判决理由上。法院判决不写判决理由或者简单书写判决理由,一方面会降低法院的权威性,另一方面也是对当事人程序主体地位的蔑视和不尊重。判决理由体现出法官对于案件证据的综合判断,同时也体现出法官在事实认定基础之上的法律适用,这直接体现出法官的业务素质和法律修养。总之,判决理由是法官审理案件时整个心理过程的反应,当事人可以直观感受到法官是如何裁判案件的,另外也可以借此增加他对法院判决权威性的了解、尊重和信服。我国经过多年的司法改革和庭审制度改革,民事审判方式已经开始从职权主义向当事人主义转变,当事人程序主体地位逐渐得到重视和提高,但是仍然存在着不足,对当事人程序权利保障的观念应当继续深化。

程序公开原则是程序正义的另一个要素,就审判而言,它包括程序公开、证据公开、法官公开等。具体而言,审判程序公开要求避免秘密审判,一切与审判相关的程序都必须向当事人公开。审判程序公开不仅有利于法官审判行为的规范,而且有利于对法官的监督,这在一定程度上有助于预防司法不公、司法腐败,从而提高司法权威。审判程序向当事人和公众公开还有利于增强公众对于司法权威的认同感,并为人们的行为提供可预测性的指导。审判证据公开要求法官作出裁判时所依据的证据必须是经过法庭辩论程序,经过双方当事人质证和认证过的证据,法官不能违反辩论原则把未经辩论的证据作为裁判的依据。法院公开要求法官严格遵守回避制度的要求,保证公正裁判。

程序制约原则是程序正义的另一个重要要素。就法官的审判权而言,程序制约原则体现在审判权在法院系统内部的自我制约、审判权对其他公共权力的制约和当事人权利对审判权的制约。法官对案件的审判要凭借自己对法律的认识来认定案件事实,而后对具体纠纷作出相应的处理,不能在认定案件事实和适用法律出现困难或疑惑的时候就向审判委员会或上级法院请求帮助,这样做使法官丧失了应有的实质独立性,也使得审判权失去在法院系统内部应有的监督状态,不仅不利于法官自身审判能力的提高也不利于法官和审判权的独立。与此相关的另一个问题就是法官如果这样做极容易造成行政权对司法干预。从理论上讲,法官在审理案件过程中不论遇到什么样的问题,都应当在法院系统内部来解决,但是这种请示制度与司法行政化的管理密切相关,往往这种请示的对象不仅仅是上级法院还会是政府机关,这样就给了行政权干涉司法权的机会,而司法权对其他公共权力的制约本是程序制约原则的应有之意,如果这样做也无法实现程序正义的这一要求,显然对于司法权威的树立是极为不利的。另外,从法官审判权运作的过程来看,即使遵守了程序正义的要求,得出的判决结果仍然可能会出现错误,从而导致当事人的合法权益没有得到应有的保护,那么此时就有必要赋予当事人权利救济的权利和设置相关的程序,这就体现了当事人权利对审判权的制约。对当事人上诉权的保护,要求对上诉条件的规定只是程序性的不涉及实体性的规定,不能将实体判决的条件作为当事人上诉的条件;再审之诉的树立也更有利于对当事人申请再审权利的保护。

就实体正义而言,这与法官对事实的认定以及对法律适用和解释直接相关,所以如何正确地认定案件事实和适用法律对于法官而言是另外一个重要的要求。客观事实观已经被证明是不科学的,法官们要真正树立起法律事实的观念,遵照法定证据的规定、依照法定程序来对案件事实进行认定,但是即使这样也排除不了法官自由裁量权的问题。法官的自由裁量权必须在法律规定的范围内来行使,或称之为"自由裁量权的客观化"。因为毕竟自由裁量是一个主观心理过程,不可能完全地拿客观标准来规范,但是涉及一定的程序来制约裁量权过渡滥用是可以做到的。法官必须依法行使自由裁量权。判决的作出离不开法官对法律的适用,在法律适用过程中鉴于法律本身的局限性不可避免会发生法官对法律的解释。对法律解释一方面涉及法官本身的法律修养,所以法官要经过不断的学习来完善自己的法律修养,另一方面也不可避免的会发生法官在解释法律时的自由裁量,法律解释权是审判权的必要组成部分,必须尊重法官解释法律的权威性,在审理过程中遇到需要法律解释的情形时,法官应当遵循法学理论、经验以及案例的指导来作出相关解释。而裁判理由是法官解释法律的最直接载体,所以裁判理由中写明法官解释法律的过程不仅使其具有了正当性,也体现了法律权威和司法权威。总之,在树立科学正确的法律解释观的基础上,要用程序制度规范法官的解释行为,保证法律解释在合理的限度内,保证法律解释的正当性和合法性基础,只有这样才能实现实体正义,从而树立司法权威。

2. 执政党司法理念的重新树立

从正确认识党的领导与司法独立的关系来看,实践中还未形成统一的正确观念。这表现在对"司法独立"和"三权分立"的不正确认识,认为司法独立会造成政治局面的不稳定,"三权分立"是西方民主的基础不适合我国的国情等等,这些观念被证明都是极端错误的。司法独立并不意味着对西方分权理论的认同,因为,司法独立理论是对审判活动这一人类社会实践规律的总结,是一种技术性、经验性的制度安排,不应当被看成一种政治理念。另外,强调司法独立并不意味着司法活动脱离了政治力量的控制。政治力量通过要求和监督司法审判活动严格实施法律达到对司法的领导,司法通过严格的执法实现对政治力量的服从。司法独立不会造成我国政治局面的不稳定。

对于党而言,正确的司法理念应当是审时度势领导树立自觉型的司法权威,正确认识党对司法权威领导的界限,不损害司法权威的树立,不断改善党对司法权威的领导方式,最终实现树立司法权威的目标。

(二)司法权威受体的认同

自觉型司法权威最显著的特征就是权威受体不仅已经意识到司法作为一种权威存在,而且是有意识地自觉服从司法权威主体的意志、认同司法权威主体的价值体系,信服司法权威。

司法权威受体要正确认识司法权威、尊重司法权威。司法的权威性总是以程序正义为主导,通过程序正义实现实质正义,我们必须客观上承认通过程序正义实现的实质正义不可能是完全的。司法过程中不可避免地存在着普遍正义与个别正义的冲突和矛盾。立法解决的是普遍正义的问题,而司法更多的功能是通过个案审理实现个别正义,个案正义的实现离不开普遍正义抽象的指向,但是个案正义的实现也会与普遍正义发生冲突,这就要求权威受体正确认识牺牲个案正义的现象。两者之间冲突的解决,最终维护的是司法整体的权威性,权威受体不应当因个案正义的牺牲而不尊重司法权威。

另外,司法权威受体要以一种现实主义的态度理解司法权威。在我国社会转型时期,推进司法权威建设必须要用一种新的司法权威工具主义的立场来客观看待。这一时期司法权威必须反映转型社会的价值要求和实践指向,而这种价值要求不仅指向人们财富增加、促进人民生活水平提高和人们各项权益得到应有的保护,而且也指向社会秩序的稳定、人民的幸福和社会的和谐。因此,解决纠纷、维护社会秩序仍是转型社会时期司法权威的一项重要功能。但是,司法作为一种工具要做的不仅仅是表达和维护一般意义上的抽象的公平、正义、效率和秩序等,更指向现实中具体权利的要求。因此,司法工具作用的发挥离不开具体的时空条件和具体的时空情境。从这个意义上讲,司法权威受体一方面要客观理解我国社会转型时期司法权威工具主义的一面,表示必要的宽容;另一方面也要结合社会发展和市场经济发展的规律,客观看待自觉型司法权威的前景。

三、我国司法权威目标实现的体制保障

(一) 建立符合中国国情的司法独立制度

对于"司法独立",目前还有很多人存在认识误区,认为主张"司法独立"就是主张"三权分立""司法审查",这是对我国"议行合一"的人民代表大会制度的破坏,会导致政治局面的不稳定。"司法独立""三权分立"确实是西方的"舶来品",但是我们应当客观地认识它。事实上,即使是在西方法治发达国家,三权也不是绝对独立、相互之间没有互动的。例如,1929年的英国大臣权力委员会认为"权力分立只是政治智慧的一个原则,当公共政策有坚实的理由需要该规则让路时,它就必须让路"。麦迪逊说:"(分权)的真正含义与部门之间基于特定目标的部分相互交叉,同时大体保持各部门的独立性是完全兼容的。这种部分相互交叉在某种情况下不仅是恰当的,而且也是政府各部门之间相互防御所必需的。"

在我国,人民代表大会不仅是权力机关也是立法机关,我们实行的是"一府两院"的制度,在这种权利架构下,权力机关、行政机关和司法机关的关系不是平行的,而是有上下之分的关系。我们的司法机关产生于人民代表大会,又要接受人民代表大会的领导。我国的宪政体制决定了我们不能走三权分立的道路。实际上从我国的第一部《宪法》开始就树立了司法独立原则,但是鉴于我国特殊的宪政体制,这种司法独立应当是在坚持现有宪政体制之下的司法独立,具体而言就是坚持党的领导之下的法院独立和法官独立。法院独立包括两层含义,一是在国家权力架构中司法权独立于行政权,不受党和权力机关的不适当干涉;二是法院的审判活动独立,不受其他权力因素和法院内部的不当干涉。法官独立也包含两层含义:一是法官的身份地位独立,二是法官的实质独立。下面对在我国如何实现司法独立进行详细阐述,首先从法院独立和法官独立开始,后文各节对党对司法领导的规范、行政权与司法权关系的规范、人大对司法监督的规范以及检察监督司法的规范等的讨论也都与此相关。

1. 法院独立的保障

(1)法院经费的保障。司法活动中如果没有完善的经费保障,那么公正、高效、权威的司法活动是难以为继的。近年来,随着人民法院司法体制改革的逐渐深入,法院经费保障受到各方面更加密切的关注。然而,全国法院系统经费供给的状况总体而言,除了少数经济发达地区外,大多数基层法院的经费供给状况却十分堪忧。司法腐败、法官流失、地方保护等莫不与当前的法院经费供给体制有或多或少的联系。随着国务院诉讼费收费办法的出台,法院诉讼收费大大降低,中央财政加大了对各级法院的财政补贴,但这样的权宜之计,并不完全科学合理,制约法院公正司法的经费保障问题仍然没有能够彻底解决。因此,建立一套科学合理的法院经费保障长效机制,才能真正使得人民法院无经费上的后顾之忧,真正落实独立审判、公正审判的宪法原则和要求。

我国法院经费保障机制目前存在以下一些弊端:第一,地方法院的经费纳入地方财政预算,尽管形式上法院的诉讼费与经费保障实行收支不挂钩,但地方财政部门在进行财政预算时都将法院的全年诉讼费收入进行预计并提前纳入财政预算指标,实行量入为出,地方财政部门严格控制法院各项经费支出。另外,鉴于地方法院的人员工资、办案费等经费主要从地方财政取得,加上法官由同级人大任免,法院向同级人大负责,这样地方实际上掌握着法官的政治命运和法院、法官的经济命脉。将各级法院置于地方政治、经济网络中的体制设计,必然导致司法权一定程度上的地方化,造成地方保护主义横行。为避免司法权受地方权力的干预,其中一个重要方面就是在经费来源上让司法机关脱离地方财政的制约,法院才能够独立行使审判权,公正实现司法职能。第二,由于有了中央补助的预算外资金,很多地方财政预算基本不考虑办案专项经费,根据工作需要财政应当追加的经费预算往往难以落实,一旦上级财政或高级法院给予了一些补助资金,地方财政甚至会缩减原财政预算计划的执行,这方面在基层法院表现得尤为突出。第三,由于中央补助资金是弥补诉讼收费降低后法院办案经费不足的应对措施,这不仅会产生经费保障定位上的误解,也难免产生补助资金分配上的不平衡。首先,既然专项补助资金是作为弥补诉讼收费降低后的应对措施,这在某种意义上说明中央对地方财政以收定支的做法在事实上是承认的,否则如果收支完全脱钩的话就不存在办案资金专项补助的问题。因此,这一定位从实质上来说不利于健康的经费保障机制的建立。其次,中央补助仅仅是应对性的措施,难免存在很多不规范的地方,也容易造成各级法院之间补助不平衡的矛盾、地区间经济差别之间的矛盾、法院收取的诉讼费与地方财政预算之间的矛盾、补助资金办案专款使用与办公经费的交叉核算产生的矛盾,以及上级制定补助标准所带来的负面效应等。

为了解决我国目前法院经费保障机制存在的以上问题,构建法院经费保障长效机制是一个有效的解决途径:第一,构建经费保障长效机制应当坚持法院的经费保障或法官的福利收入与诉讼费收入等脱钩,坚持人民法院经费保障的财政预算根据实际需要逐步提高办公经费、改善办公条件和办公自动化水平,逐步提高培训经费,坚持公用经费科学测算、总体平衡的原则。第二,法院经费保障机制的改革要坚持循序渐进的方式。第一步,由现行的地方财政供给逐步向"分级管理分级负担为主、中央和省级财政补助为辅"过渡。第二步,以省级为单位,实行法院经费的计划单列。第三步,建立全国法院经费的独立司法预算制度。第三,建立符合法院特点的经费预算编制体系,以区别于行政机关。第四,建立一套法院经费保障的运作机制。这包括:其一,法院的所有经费收入全额上缴中央财政;其二,各级法院的所有经费开支由财政全额负担,财政部门在编制法院的预算时不再与诉讼费收入挂钩;其三,财政部门和审计部门对法院的诉讼收费和经费开支进行监督,避免不合理支出。在具体操作上,由最高人民法院协同财政部共同编制法院系统经费预算,报全国人大审批。国家财政部根据全国人大批准的法院系统经费预算,按时足额拨到最高人民法院,由最高人民法院逐级下拨,一直到基层人民法院。为了确保人民法院经费量入为出、收支平衡、提高资金的使用效益,最高人民法院应制定配套的财务管理制度,下发全国法院统一执行。

(2)改善党对司法的领导方式,保障司法独立。在我国党对司法的领导主要是通过地方各级政法委、党组织以及行使人事任命权等方式来实现的。党对司法的领导是确保司法权威得以树立的重要组织力量,但是规范对司法的领导方式更有利于我国司法权威的树立。这个问题将在本节的第二部分作专门论述。

(3) 改革和完善人大对司法的监督方式，保障司法独立。人大对司法的监督是实现社会正义、公正的重要保证，并且从我国权力架构来看，人大对司法的监督也是理所当然的事情，事实证明人大对司法的监督确实对司法的良性发展和司法权威的树立起到很大的积极作用，但是人大监督方式存在的不足也对司法权威造成了一些不利影响，如何规范人大对司法的监督就成为了亟待解决的问题，这个问题将在下文第（三）部分作详细的阐述，这里不再赘述。

(4) 改革法院行政化管理方式，正确处理司法权与行政权之间的关系，保障司法的独立。行政权相对于司法权而言具有司法权无法具有的优势，正是这种天然的优势使得它极容易压制和控制司法权，从而导致司法权失去其应有的独立性。我国法院内部的行政化管理也在很大程度上制约了司法权的独立，因此，必须改革我国目前法院内部管理行政化的状况，改善和修正行政权与司法权之间的关系。对于这个问题下文第（四）部分有更多论述。

2. 法官独立的保障

(1) 法官独立地位的保障。西方法治国家的成功经验表明，法官的独立地位是法治国中法官权威的一个重要基础，法官的独立地位包括法官身份与实质两个方面的独立，表现为以下三点：其一，法官在国家权力结构中的独立地位。所谓法官在国家权力结构中的独立地位，其实就是司法权的独立。在国家权力结构中，法官的司法权独立于立法权和行政权，三种权力是一种相互分立、相互制衡的关系。这种意义上的独立是一种静态的独立，表现为一种权能的赋予。这种层面的独立是以权力分立为前提的，没有权力分立，司法权独立就无从谈起。其二，法官的身份独立。所谓法官的身份独立是指为了确保法官不受政府干涉，法官职位的条件及任期等有适当的保障。法官的身份保障为法官解除了后顾之忧，使其免受外部干扰而依法行使职权，使其能够独立地依据法律进行审判，确保裁判的公正。法官身份的独立需要一系列制度予以保障和落实。为了保障法官身份的独立，各国都有一些基本标准的规定，具体包括以下主要内容：适当的薪金、任期终身制、惩戒免职程序的正当化、法官选任及升迁的规范化、法官调动须经过法官本人的同意、国家确保法官及其家庭安全并提供相应的具体保护措施等。其三，法官的实质独立。所谓法官的实质独立,是指法官执行司法职务时,除了受法律及其良知拘束之外,不受任何干涉。也就是说,法官有能力在一个特定的案件中针对特定的事实选择、解释和适用其认为适当的法律,而不受来自于任何可能会影响其裁判的外来的影响和压力。法官的实质独立是在身份独立的基础上的要求。在这一层面上,法官独立的对象是多样的。"一般来说可以包括政府、立法机关、检察机关、政党、团体、社会舆论,此外,还有上级法院、法院院长等都可能成为干涉司法独立、法官独立的因素。"当然,法官独立是一种相对的独立。一般来讲,下面种种行为都属于对法官审判的干涉,应该予以排除和禁止:第一,强制性或非强制性行为。强制性行为是要求、指令法官必须遵守其意旨的行为。非强制性行为则是以请求等柔性方式出现的行为。第二,直接行为和间接行为。直接行为是以明示方式向法官表达意愿的行为。间接行为是以暗示方式委婉地表达观点、施加影响的行为。第三,宏观行为与微观行为。宏观行为是指以司法政策的制定等为影响手段的行为。微观行为是指针对个案处理而采取的行为。第四,利益引诱行为和非利益引诱行为。利益引诱行为是指给系法官若干利益的行为。

当今,影响我国法官独立的因素主要包括制度内的制约和制度外的制约两方面:一是来自于人民代表大会的干预。在我国,人大有权监督、制约法官的司法活动,除通过任免法院的审判员、庭长、院长、定期对司法机构工作的评议等形式外,还可以实行"个案监督"。人大的监督确实能够防止司法权失控,遏制司法专横及司法腐败的滋生与蔓延,但这种监督又往往使人大的权力过于扩张进而影响法官独立行使审判权。二是来自于政府的干预。在我国目前的体制下,司法机构的物资资源主要来自于同级政府。尽管从理论上来说政府不能直接支配法官的司法活动,但政府经常出面干预法官的审判活动,在案件管辖、案件审理和执行等多方面进行影响。三是来自于法院内部的干预。这种影响主要是由于我国司法的行政化而产生的。法官的过分等级化、领导审批方式等等有关司法的行政化形式严重破坏了法官的独立性。四是来自于党委的影响。实践中,法院的工作情况往往需要向当地的党委书记汇报,客观上讲法院在一定程度上成为了党委、政府的一个职能部门。五是来自于媒体的影响。当前我国传媒自律体制尚不健全,加上我国传媒不成熟,诸多原因使得传媒对司法的关注时常经意不经意地发生越位甚至错位,而置司法于尴尬的处境。

(2)法官的任职保障。《法官法》制定了我国法官的任职保障制度,例如《法官法》第8条、第13条和38条对法官的免职和辞退分别作出了具体的规定,法官任职保障制度的制定对于提升法官质量和司法制度水平的意义是重大的,但是总体而言,我国目前的法官任职保障制度还不成熟,需要进一步健全:第一,《法官法》对免除、辞退法官的事由过于宽泛,实际操作性不强,导致实践中行政干预的现象屡见不鲜。第二,《法官法》对法官物质待遇保障的规定不够科学,法官的工资待遇等同于一般的公务员,不利于吸引优秀人才,同时也不利于法官队伍的稳定和廉政建设。第三,有关法官退休制度的规定过于笼统,不利于审判工作的开展和退休法官权益的维护。

针对我国目前法官任职保障制度的现状和存在的不合理、不科学的问题,可以从以下几个方面进行改革和完善:首先,建立规范科学的法官任免和辞退制度。法官弹劾制度是目前西方各国普遍采用的一种法官任免制度,这种制度的好处在于法官的罢免事由、程序等完全按照法律的规定,弹劾程序给予被弹劾法官充分的程序权利,这样不仅能够保证法官的任职具有相当的稳定性,同时可以防止在处理法官身份问题时出现长官意志的随意性以及一些不规范的行为。其次,提高和完善对法官的物质待遇。法官除具有公职身份外,如同一般自然人一样也会有七情六欲和对自身利益的需求,这是法官们难以避免受到各种外界因素影响的根本原因。要减弱这种影响,就必须设置相应的制度来预防和规制法官们的行为。正如汉密尔顿所说:"最有助于维护法官独立者,除使法官职务固定外,莫过于使其薪俸固定。"目前我国法官的普遍收入情况并不乐观,除了一些偏远地区的基层法院法官的收入明显偏低之外,随着阳光工资制度的施行和国家、地方两级公务员收入的改革,一线、二线城市的法官们的收入也呈明显的下降趋势。这种改革的趋势正好与国外的"高薪养廉"相去甚远。实际上,如果在目前各级法院工作量普遍较大而生活成本逐年增加的情况下,法官们的收入反而不能保证他们衣食无忧,这样势必会减弱法官们对各种外界物质诱惑的抵抗力,司法腐败也就有了存在的温床。提高法官的物质待遇,设立法官高薪制是解决这个问题最有效的途径。而其配套的措施便是司法经费的保障机制改革,这个问题上文已作阐述,不再赘述。最后,适当提高法官退休年龄。法官的职业特点决定除了需要具备广博而扎实的法律专业知识外,还需要具有丰富的审判实践经验和大量的社会阅历。这些都不是可以一蹴而就的事情,需要长期的生活积累和大量的审判工作积累。而按照我国目前法律的规定,法官的退休年龄与其他公务员的年龄一致,这不符合法官的职业特点,也不适应我国目前法官数量不足的情况,应当为法官单独制定出不同于其他国家机关工作人员退休年龄的退休制度。并且,确保法官在其退休后薪金收入不减少,能够保证其拥有较高的生活质量。

(二)党对司法领导的规范

对于我国这样一个制度还不完善、市场经济尚未发育成熟、处于社会转型时期的国家,要推进法治国的历史进程,构建和树立社会主义司法权威,必须要有党的强大力量的领导。党的领导是建构和树立我国司法权威的内在要求和原动力。但是,我们不得不承认我国当前的实践中确实客观存在着党的领导权与独立司法权之间出现关系失范的现象,这极大地破坏了司法的独立与公正,破坏了司法的权威。这有观念方面的原因,也有依法执政落实不充分的原因。从依法执政落实不足的现象来看,原因有三:其一是党对司法过程领导的非规范化和非制度化;其二是党对司法人员选用上的干涉;其三是党对司法领导的约束机制不健全。

回顾我国司法权威的历史会发现,我国传统中既无司法权威的优良传统也无司法权威生长的广泛社会基础,司法权威缺乏内在的动力源和自我产生的机制。因此,外力的驱动对于我国司法权威的建构和树立势在必行,而党对司法的领导就成为我国司法权威树立和建构的外在驱动力。从这个意义上讲,如何处理好党的领导与司法之间的关系就成为了我国司法权威生成和建构的关键问题。我们要明确的是在我国树立司法权威不是削弱党的执政地位,而是适应新形势、新情况下巩固和维护党的领导地位的重要举措和保障,要加强和完善党对国家的领导就要提高党科学执政、依法执政、民主执政的水平。要达到这个目标就要不断调整和改善党对司法权威的领导。

第一,明确党对司法领导的界线。邓小平指出:"党要管党内的纪律问题,法律范围的问题应该由国家和政府来管。党干预太多,不利于在全体人民中树立法制观念。"邓小平的这番言论可谓一语中的,点明了党的领导与司法之间关系的核心问题。党对人民法院的领导体现在政治领导、思想领导和组织领导等方面,人民法院有党的组织,党对人民法院的这些领导是可以实现的。但是,依据《中国共产党党章》和《中华人民共和国宪法》的规定,党必须在宪法和法律规定的范围内活动,党对司法的领导必须依法执行,不应存在法外领导。党的政策的制定和实施不能违反宪法和法律规定,要符合宪法和法律的原则和精神。因此,当党的政策通过法定程序上升为国家法律的时候对国家和社会的影响就是根本的了。党的执政、对司法的领导遵循宪法、法律的规定也就成为理所当然的事情。

第二,党对司法的领导是全局性领导,这样有利于克服司法的地方主义。党对司法的领导是党对国家领导的体现,必须坚持领导方式的全局性和方向性。鉴于我国目前各级人民法院都有自己的党组织,而这些人民法院内部的党组织都有依附于地方党组织的倾向,因而就表现为各级人民法院司法权的"地方化",这在一定程度上损害了我国司法独立原则和法制的统一性,不利于法治国目标的实现,不利于司法权威的树立。党对司法的领导要坚持全局性和方向性,打破人民法院的地方本位主义和地方保护主义。

第三,规范党对司法工作的领导方式。党的政治报告明确提出党的执政能力建设是关系党的自身建设和中国特色社会主义事业建设全局的大事,必须改善党的领导方式和执政方式。涉及司法领域就是要改善党对司法的领导方式,这体现在以下几个方面:首先,要改善党对审判的监督。人民法院的审判有其自身的专业性特点,党对人民法院的审判监督要遵循审判的规律,不能以党的领导权和党的权威压制司法权威或者代替司法权。要想形成党对司法的良性监督,就必须坚持党对人民法院的正常司法活动不插手、不干预、不代替人民法院对案件进行处理、不指派人民法院处理法定职责之外的事务。其次,要改革和规范党对人民法院人事制度的领导方式。我国人民法院的人事调配、工作部署以及人事重大事项的决定都是接受党的领导的。从这个意义上不讲,党对人民法院的人事权的领导是构建法院权威和司法权威的重要组织保障。但是,党委对人民法院和政府机关同质化的人事领导方式弱化了司法权和行政权之间权利属性的差异,实际上使得权力分工制约在组织人事层面被淡化,而从应然的角度来讲,区分人民法院和政府机关在人事组织方面的差异性和各自的特殊性是非常必要的,所以,从这个意义上来说我国必须改革和完善人民法院的人事制度,建立起适合人民法院特点的人事制度。

(三)人大监督权的规范

通过本书第二章关于人大监督与司法权威之间的关系分析,我们发现目前我国人大对司法的监督在监督方式和手段上存在着一些问题,容易导致人大越权干涉司法,从而破坏司法权威的现象。实事求是地讲,这些年的司法实践表明我国的人大监督对于司法权威的树立确实有很多的帮助,发挥了一定的作用,但是为了更好地使人大监督这种制度发挥出更大的作用,应该对其与司法权威之间的关系进行进一步的规范,以利于司法权威的树立。

对人大监督与司法权威之间关系进行规范,首先要考虑的是人大监督本身的特点以及司法权的权力性质特点,只有在这点上认识清楚才能制定有效的策略和措施。从司法裁判的终极性要求来看,人大的监督无疑是对裁判终极性的很大的冲击。司法权是一种裁判权,裁判权的行使要求它必须亲历案件,而人大监督权具有明显的事后性和间接性,而没有案件的亲历性,这就决定了人大监督权的行使很容易造成对司法权的不合理的干涉。尤其是人大对个案的监督,必须要审慎或者避免个案监督。规范人大监督,在人大监督与司法权威之间建立一种良性的监督关系,对于司法权威的树立无疑是很重要的。这种规范可以从以下几个方面来进行。

第一,人大监督权的行使应当坚持集体行使的原则。人大常委会《监督法》第4条明确规定:各级人民代表大会常务委员会按照民主集中制的原则,集体行使监督职权。按照这条规定,监督权的行使只能由各级人民代表大会及其常委会来决定,而不能由其他任何组织或个人来行使人大监督权。而且,人大及其常委会也不能将其享有的监督权委托或转让给其他任何组织或个人。人大代表只能以个人或数人联名的方式向人民代表大会及其常委会提出建议，再经会议主席团或者委员长会议审查后来决定是否向人民法院行使监督权，人大代表个人或数人是没有权力行使人大监督权的。人大在通过司法监督之后如果发现问题，应当向人民法院发出限期整改的意见通知书，人民法院在接到通知书之后应当进行限期整改。有必要在人大与人民法院之间建立起人大监督信息通报制度，依法向人民法院提出人大的处理意见和建议，同时将司法监督发现的问题和人民法院整改后的情况通报给上级司法机关。

第二，人大对法院审判工作的监督对象应当以法院审理案件的程序正当性作为监督的主要方向，对于法官在职权范围内行使自由裁量权等实体问题不应加以监督，否则是对司法权威的不当干涉。对法律事实不正确的理念，使得人大监督对裁判终极性的破坏成为经常现象，这也无疑对司法权威的建立造成了沉痛打击。

第三，规范人大监督的程序。鉴于司法裁判权的特殊属性和人大监督权事后性、对案件的非亲历性的特征，人大对司法的监督要杜绝对案件的直接参与和调查。人大及其常委会在接到公众反映的案件情况后，可以通过询问、质询的方式向人民法院提出自己的意见和建议，但是不能涉及案件的实体性问题。对确需进行监督的特定问题，在行使司法监督权之前，人大或其常委会应该成立专门的特定问题调查委员会，聘请相关问题的专家参加到相关的调查工作之中，并且对提请监督请求的人大代表与案件之间的关系进行审查，预防个别人大代表提出与自己有利害关系的案件监督请求。

第四，向社会公布人大对司法监督的情况。向社会公布人大对司法监督的情况是一种对人大行使监督权进行再监督的方式。人大及其常委会对人民法院行使监督权的目的是维护法院权威和司法权威，而不是破坏、否定法院和司法权威，因此，只有将司法监督的情况及时公布于众，才能答疑释惑，才能让公众看得到人大的司法监督。具体而言，人大及其常委会在启动司法监督权之后，应当将监督申请人、申请监督的事由、法院答复的情况以及办理意见等情况以法律规定的方式向社会予以公布，以便于公众了解人民法院工作的全貌。

(四)行政权与司法权关系的规范

我国当前司法权与行政权关系的状况,导致司法权与司法权威之间容易出现矛盾:第一,司法权威终局性与司法权管理便利性的矛盾。当前司法权的配置过于考虑行政管理的便利,使得司法权的重心从保障个人权利偏移,也背离了以优先保障个体公正为目的的司法权威终局性的要求。第二,司法权威中立超脱性与司法权无序参与性的矛盾。司法权运作的司法过程行政化偏移了司法权威超脱性的裁判"无偏私"和"程序至上"的要求。第三,司法权威内核单一性与司法权体系庞杂性的矛盾。当前体制中,司法权的配置不仅包括裁判权,还包括管理、宣传、执行等本属行政权的内容。而司法权威要求司法权运行要具有单一性。第四,司法权威实证公平性与司法权运行形式的虚位性的矛盾。现行体制强调司法权的归宿是国家和人民的利益,却忽视了司法权的运行形式和内容,导致司法形式与内容的缺失和异化。这有悖于司法权威的实证公平性"个体公正必须以看得见的方式实现"的要求。

正确处理好司法与行政的关系,不但是实现司法权威的必然要求,也是完善我国社会主义法治建设的一个重要内容。可以从以下两方面入手。

1. 改革司法资源供给制度,建立符合司法权运作规律的司法区域。我国司法与行政关系密切,从形式上表现为司法区域机构重叠于行政区域,实质上体现为司法机关人、财、物资源供给都依赖于同级政府。正是因为这种资源依赖,导致司法与行政之间产生"说不清、理还乱"的关系。这也是行政之手不断触及司法领域,影响司法权威的深刻根源。中国有"吃人家嘴短,拿人家手软"这样的谚语,而美国的汉密尔顿曾说:"就人类天性之一般情况而言,对某人的生活有控制权,等于对其意志有控制权。"改革司法资源供给制度,切断司法对行政的资源依赖,是改变我国不合理的司法与行政关系、树立司法权威的重要一环。

从各国的实践经验来看,司法机关的财政权、用人权都具有一定的独立性,行政机关无权干预。就经费而言,通常是对司法经费实行单独的预算,并由某个中央机关批准。日本、美国都是由司法机关实行独立编制预算后,由国会审批,行政机关无权过问。其他各国的做法也基本类似。而在用人权方面,司法机关也不会受行政机关的影响。这种制度不仅使司法机关人、财、物的供给有了制度上的保障,也防止司法机关为了经费的问题而遭受行政权力不应有的压力。这也有利于防止地方保护主义对司法权威的侵蚀。我国应该由中央财政直接解决司法经费,但在目前的条件下尚不能一步到位,可以省和中央两级供给作为过渡方式。同时,在立法上设置司法经费保障制度,明确规定司法经费应该单独编制预算,由人大通过预算案,所通过的预算案必须严格执行。

打破行政对司法的影响,还应该解决当前司法区域与行政区域相重叠的问题。由于司法区域与行政区域相重叠,法院很难在这种熟人社会里真正摆脱行政特别是地方保护主义的影响。有人主张"在全国设立大区分院,专门负责跨省的上诉案;在省内设立小区分院,专门负责跨区上诉案。大小区分院直接受最高法院领导,属最高法院的派出机构",这种看法是颇有见地的。

2.改变司法行政化的管理模式。司法行政化主要体现在司法内部管理体制的建立类似于行政机关的金字塔型权力架构。上下级法院之间、同一法院的院长与各机构负责人之间、各机构负责人与法官之间的关系都遵循这种上命下从的金字塔型权力运行结构。具体体现在:(1)法院内部建立了以院长、庭长、审判长、审判员为序列的具有行政科级色彩的官僚结构。法官的考评、晋升等事项受院长及其他管理人员直接或间接操控。法官的审判业务也传统地、惯性地在报请院长、庭长审批后才能决定。(2)审判委员会制度也带有浓厚的行政管理色彩。从权力构造的角度来看,重大疑难案件经审判委员会讨论决定,合议庭法官服从并执行,实质上不过是行政管理中集体领导制度的一种变体,具有浓厚的行政管理色彩。(3)上下级法院之间的审级关系异化为行政管理关系。根据我国《宪法》的规定,上下级法院之间本应当是一种审判监督关系。但现实中这种监督关系已经被异化为上下级的命令与服从关系。下级法院丧失了其应有的独立性,侵害了司法权威。

为了打破司法行政化的怪圈,设置符合司法权威要求的司法权运作模式,可以从以下几个方面进行改革。(1)调整法院院长职权。法院院长在司法系统里的职权有三方面:作为法官的审判权、作为司法机关最高领导者的对外代表权、作为法院管理者的行政管理权。在审判权方面,当前司法实践中存在的问题是,法官通常得按照院长的意志判案,似乎院长的审判权优于法官的审判权。应该明确规定院长的审判权与法官审判权的平等性,院长无权干预法官审理的案件。在对外代表权方面,明确其范围仅限于法院对外交往和对外发表意见,无权对下级法院进行干预。在行政管理权方面,当前司法实践中常常给法院院长间接操纵法官、影响法官独立提供了便利。因此应该限制院长的行政管理权,明确院长只是司法行政事务组织者和协调者的角色,削减其决定法官考评、晋升等事项的权力。设一个法院管理的职能机构,把法院的日常管理工作交给这个机构具体执行。(2)统一法官等级,取消法官内部行政级别。我国法院内部关系最早采用的是行政等级模式,1995年颁布的《法官法》把法官分为四级十二等,试图摆脱这种行政级别制度,但过细的级别划分在官本位思想的作用下,仍落入了行政级别的窠臼。特别是在同一法院的法官中划分等级,为较高等级的法官干预、指导级别较低的法官提供了"合法依据",而级别较低的法官也会习惯性地接受。因此,建议不对法官进行过细的级别划分,在同一法院内,法官级别应一致。(3)减少法院内部行政职务,相应职能由专设机关管理。司法实践中,法院内部行政事务由部分法官兼管。法官如果被冗长烦琐的行政事务所纠缠,将影响其审判职能的发挥,也违背了法院作为专门审判机关的职能。可以借鉴美国法院的做法,大幅度地剥离法院行政管理事务,由法院聘任"法院管理员"负责法院的日常工作,包括草拟法院预算、管理人员招募、案件档案管理、后勤服务等。(4)取消审判委员会制度。应当承认审判委员会制度对我国司法建设的发展曾经发挥了极其重要的作用,但是,在新的历史条件下,该制度与司法公开原则、司法独立原则、司法公正原则、直接言词原则、回避制度相背离、相矛盾。因此,审判委员会制度应该废除。考虑到国情的复杂性,可以采取逐步渐进的方式取消审判委员会制度。

(五)检察监督权的规范

从司法裁判的权威性角度来讲,我们怎样强调审判独立的重要性和法院裁判的终极性都不过分,但是我们应该认识到审判权的独立行使不应当排斥合理、合法的监督。检察监督不仅仅是为了维护当事人的合法权益,更是为了司法公正和司法权威。检察监督对于司法公正的实现以及最终对司法权威的树立都具有着重大的意义。当独立的司法审判权自身产生变异与腐蚀、偏离司法公正时,检察监督就成为这种变异的矫正者,能够纠正司法活动中的错误与腐败。在我国,检察监督是对法院审判最有作用的制度设计。

但是,如本书第三章第二节所作的分析一样,我国目前的司法检察监督还存在不完善的地方,就民事检察监督而言,存在立法上抽象空乏、可操作性差的问题,并且新《民事诉讼法》与司法解释在某些问题上存在冲突的规定,这些情况一方面致使检察机关在实施民事检察监督的具体运作中无法操作,直接影响了检察机关对民事审判活动的有效监督;另一方面也限制了司法的检察监督制度功能的发挥。所以,非常有必要对司法的检察监督进行进一步的规范,以期对司法权威的树立起到更大的作用。针对民事诉讼中检察监督的合法性与合理性以及法理上的冲突问题,应当规范、限制当前民事诉讼中的检察监督权。随着我国司法制度改革的不断深化,对民事诉讼中检察监督的程序应当进行严格限制,充分尊重民事诉讼中"不告不理"原则。可以考虑将检察监督介入民事诉讼的范围主要限制在公益诉讼的领域。为了维护司法裁判的终极性,应当对当事人申请再审的期限作出限制,对民事诉讼中检察监督的时间应当作出明确的规定。检察官不是"法官之上的法官",检察权也不是"审判权之上的审判权"。要从权力制约的角度出发,加强司法审判权对检察权的制约。关于检察机关在民事再审程序中的相关问题将会在下文有专门的论述,这里不再作详细讨论。

四、我国司法权威目标实现的制度保障

(一)司法权威的内外部监督制度

法律最终要靠人来实施,然而"权力欲""权力意志",甚至"贪图权力"是人性的主要组成部分。布伦南指出"政治只有在体现其真正的意义时才能发挥作用。这需要胜任法官之职的人来做到这点"。可以毫不夸张地说,一个国家法官的素质和形象在很大程度上决定着这个国家司法的质量和形象。如何保证法官的自由心证和自由裁量权不被滥用,即如何预防司法腐败,是一个时代课题。而"司法的腐败,即使是局部的腐败,也是对正义的源头活水的玷污"。让司法处于没有任何合理监督的状态下,人们将有可能处于更为严重的不安全之中,因此,司法监督是必须的。司法监督归结起来主要来自权力机关的监督、检察机关的监督、新闻媒体及社会舆论的监督等。就我国司法权威现状来看,对司法权的监督、制约制度仍然存在着不健全的一面,司法不公的现象仍然较大范围地客观存在,直接影响到司法权威的建立。

司法独立和司法监督是一对天然的矛盾,但两者又能达到和平相处的理想状态,两者的关系就是哲学上的对立统一。独立是司法的形式要求,公正、高效、权威是司法的价值体现。不公正的司法就丧失了现代司法的应有之义。实现司法权威要求司法机关依法独立审判,司法独立既是实现司法公正、高效、权威的内在要求,又为司法权威的实现创造了必要条件。司法监督的目的在于保障司法活动按照正常的轨道运行,防止司法腐败和不公,树立司法权威。特别是在我国现阶段,阻碍司法权威的因素还比较多,对司法进行监督完全有必要。但要着重指出的是,依法治国要求立法、行政以及司法活动都要依法进行,特别是国家机关的一切活动更应该于法有据、按章行事。对司法活动的监督也应该合理合法,不能为了行使监督权就可以违反人民法院依法独立行使审判权的原则,这样行使监督权不仅于法无据而且违反了法律规定,成为法律所不容许的非法监督。应对司法监督进行规范,让监督依法进行,这既是依法治国的内在要求,还是司法监督和人民法院依法行使审判权统一性的内在要求,也是建构司法权威的内在要求。

1. 司法权威的内部监督

审判权是一种裁判权,是保障社会最后一道正义的权力,如果司法机关及其司法工作人员存有腐败必将有损公平正义的实现、有损法律的具体实施,进而有损司法权威的树立。"一个具有终审权和对其判决不容讨论的法庭比任何别的机构都需要更细致的监督。不容讨论的权威最易导致自我放纵,最难做到不带偏见的自我分析。""法官也不是完人,他们可能错判,从而造成冤案",客观上讲,主客观多方面的因素都可能会导致法官丧失其中立性,从而造成司法专横和司法腐败的现象。因此,将司法置于人大、检察机关和执政党等规范性和强制性外部监督之下的同时,也必须有完善、系统的内部监督机制。这种内部监督机制应该至少包括对法官行为规范的机制、法官的自我监督机制、纪检监察监督机制以及法官违法职责的惩治机制等。

(1)法官行为规范机制。"要使国家和被管辖者免受主管机关及其官吏滥用职权的危害,一方面直接有赖于主管机关及其官吏的等级制和责任心,另一方面又有赖于自治团体、同业公会的权能,因为这种权能自然而然地防止官吏在其担负的职权中夹杂主观的任性,并以自下的监督补足自上的监督无法估计官吏每一细小行为的缺陷。"一般而言,利益是导致法官失去中立立场的主要诱因,因而如何切断法官与当事人之间的利益联系就成为了需要高度重视的问题。正是认识到这一点的重要性,我国最高人民法院才颁布了《法官行为规范》,分别从容易发生徇私枉法、权钱交易、容易侵犯当事人诉讼权利和实体权利以及容易发生地方和部门保护的岗位和环节进行规范,建立统一的法官职业规范,旨在切断法院与争讼者之间的利益链条,防止司法腐败,以维护司法权威。

(2)建立健全法官弹劾制度。法官道德品格的好坏也会影响到司法裁判的公正性,从而影响司法的权威性。"一次不公的司法判决比多次不平的举动尤烈。因为这些不平的举动不过弄脏了水流,而不公的判决则把水源败坏了。"因此,对于法官违反职责和损害法官威信的行为必须予以严厉的惩处。应当借鉴其他一些国家的做法,建立法官弹劾制度,以清除那些有司法腐败行为的法官,从而维护法官整体的形象,最终维护司法权威的形象。所谓法官弹劾是指当法官违反职责情节严重,具有应该被罢免的法定事由时,则依法启动法官弹劾程序,由弹劾法院对法官进行罢免审判。法官弹劾制度是通过审判的方式对那些有违职责且情节严重的法官进行罢免。由于是经过审判程序,这样就使得那些将被罢免的法官有自由行使辩护权利的机会。通过审判的方式来决定是否罢免相关的法官是一种相对公开、公平的方式,这样既可以使被罢免者心服口服地接受处理结果,也能够使社会了解到弹劾的整个过程,不至于会认为司法机关是在进行暗箱操作。

(3)增强纪检监察监督。纪检监察是我国特有的且符合我国国情的一项监督制度,各级人民法院内部均设有相应的纪检监察部门。要充分发挥纪检监察部门的监督职能,发挥其对司法人员"零距离"监督的优势和特点。纪检监察部门要坚持明察暗访和定期开展案件回访活动,要经常性地深入走访案件当事人,做到广纳意见,对群众反映的违规、违纪和违法行为进行公开调查,对查证属实的,要对相关司法人员及时进行处理并将情况及时反馈于公众,以增强法官自身廉洁自律的意识,真正形成一套行之有效的违法违纪惩防机制。

(4)创新法官自我监督。对于审判权的内部监督,其实法律已有较为完善的制度设计,比如上下级法院的审级监督;审判委员会、合议庭对审判人员的监督;审判监督部门的监督;内部管理和业务上的院庭长监督等。但法官在这些制度下都是被动者,尤其是行政管理色彩极浓的法院内部考评机制,备受质疑。因此,实践中,有些法院开始创新法官自我管理、自我监督的自治、自律监督机制。通过法官自治或自律组织加强对法官的监督。

2.司法权威与媒体监督

鉴于前文已经对司法权威的外部监督有过人大监督、检察监督等方面的论述,在此就司法权威的媒体监督专做讨论。除以权力制约权力外,近代法治国家对权力监督的另外一种形式就是舆论监督。在世界各国,尤其是新闻比较自由、法治观念比较成熟的国家,司法活动对于新闻媒体是依规范开放的。现代传媒的飞速发展使得新闻舆论的力量不断突显,其对于司法的影响不容忽视。在欧美国家新闻媒体甚至被称之为独立于立法权、司法权和行政权三权之外的"第四种权力"。

（1）媒体监督对树立司法权威具有重要意义。在过去媒体是"党和政府的喉舌"，强调媒体的政治性和正面导向性，导致我国媒体的自由度有限。随着人们思想观念的转变，媒体已经成为公众了解社会事件、参与和监督社会公共事务管理活动的重要媒介。其中，媒体通过对司法活动和有影响的法律事件的报道宣传，有意无意之中形成对司法的监督，相对于国家公权力的监督，舆论监督是一种"柔性监督"，但这种"柔性监督"发挥的作用却并非是柔弱无力的。

近些年来，伴随着媒体自由度和参与空间的加大，一批司法腐败分子通过媒体的曝光得到应有的惩处。由于客观存在人们对司法权威信任的缺失，所以人们往往寄希望于公众舆论来维护自己的合法权益。特别是随着互联网的高速发展和普及，广大民众获得了更多的自由表达空间和机会，这是司法走向民主化的标志之一。往往一些案件借助于网络这个平台而轰动一时，"网民审判"给司法带来前所未有的冲击力和影响力。例如，媒体（尤其是网络）报道的"孙志刚案"和"刘涌案"，就显示了网络媒体强大的舆论作用，甚至可以说，媒体连续不断的报道对这两起案件的最终解决方案有着决定性的影响。喧嚣一时的"许霆恶意取款案"更是让我们见识了媒体监督的强大优势与力量。从近几年的实际情况来看，媒体曝光的一些有影响的案件，往往会受到有关司法机关甚至党和政府的高度重视，迫于舆论的压力，一些久拖不决的案件因为受到媒体的关注最终得到了"高效公正"的处理。相对同样是外部监督的诸如人大监督、纪检监督、行政监察监督来说，媒体监督更受一般民众的关注，原因就在于其监督是公开化的，民众可以从中获取更多的司法活动信息，也就是将司法置于阳光下，从而显现出媒体监督的正当性。司法关系到民生和法治的进程，因此媒体给予了司法格外的重视与关注，这实际上体现出了舆论监督与司法公开化的双重历史进步性。媒体监督基于对广泛意义上的言论自由的价值追求，自然就担当起监督司法、捍卫司法权威的重要角色。司法如果一味地孤芳自赏、排斥舆论监督的话，那么就很容易会产生司法的专横、恣意妄为。也正因如此，人们寄希望于舆论监督，希望它成为预防和纠正司法腐败，推进公正、文明司法和保障司法权威的一支重要监督力量。客观上讲,通过规范的舆论监督来客观地展示和评论司法过程,让司法权的运作过程置于阳光之下,能够增强公众对司法公正的信任感和认同感,从而在根本上保障司法公正和维护司法权威。

(2)客观看待媒体监督对司法权威造成的不利影响。在肯定媒体对司法监督的正面作用的同时,我们也应当客观看待它所具有的局限性和不当媒体监督对司法权威所造成的负面影响。"法院本身必然在某种程度上受到舆论的影响。归根到底,法官不是我们社会中的'孤岛'。与所有人的立场和信念一样,他们的立场也受社会潮流的影响。法院通常倾向于避免发布它们知道将与舆论明显冲突的裁判。这在一定程度上是因为司法系统更愿意避免导致公众分裂的局面。另外,如果对某案件的裁判明显背离舆论,法院尤其是最高院可能丧失威望。"在实际的司法运行过程中,社会公众和媒体对某一个案的裁判表示出不同的看法,或者在某一个案件裁判作出之前即发表具有倾向性的意见和看法,客观上很容易出现所谓评判案件裁判是否公正的"舆论标准"、"社会标准"和"网络标准"。如果我们对媒体不进行合理的限制和规范,它就有可能破坏司法独立,损害司法权威。因为司法腐败和司法不公问题往往更能引起公众的注意,激起社会大众的不满,很容易成为舆论热点。

社会公众对司法案件的认识往往带有很强的主观性和情绪性,容易受到媒体倾向性报道的左右。而司法需要的是理性和专业性,从理论上讲,法律角度的判断往往会与社会公众的非法律专业的判断不能吻合。应当看到的一个事实是:现阶段在我国作为在媒体监督中发挥重要作用的电视台、广播电台、报纸、杂志等媒体,多数都有"官方"或者"半官方"的背景。在这样一种情况下,媒体对司法的监督几乎成了变相的行政监督,如果放任媒体对司法的监督,几乎就等同让行政干预司法。另外,从媒体自身的利益考虑,一些媒体为了吸引社会的眼球,会炒作、追逐报道那些所谓的"司法问题",这些基于为获得较好社会效益和经济效益的媒体报道,会导致出现报道的肤浅性、倾向性甚至是娱乐性的现象,这是需要社会高度警惕的现象。也有一些媒体不顾司法裁判所应遵循的实体法和程序法的具体规定,主观地对案件情节进行报道,以情理分析和主观猜测代替法理,混淆和模糊了公众的视听,这样的结果就是误导公众使得他们不能客观地和公正地去看待司法活动。特别是在"舆论一边倒"的情况下,对审判活动的报道就会嬗变成为另一时空的审判活动,称之为舆论审判或媒体审判,这无疑会损害司法独立和影响司法权威的树立,因此,对媒体监督的规范是十分重要的。

(3)媒体监督司法的规范。媒体讲自由,司法讲秩序;媒体报道重时效,司法诉讼重程序;新闻评论凭有感而发,法官裁判须理性分析;媒体追求轰动效应,司法追求平息纷争;两者之间这些明显的差异性会导致发生相互冲突的现象。但司法界和新闻界毕竟不是对立的。司法权威需要媒体的正当监督和评价,而媒体客观的报道会让公众感受到司法的权威。社会需要客观、理性的媒体舆论,即便是媒体舆论自由度较大的西方法治国家,媒体的自由度也是有一定限制的。

在促进和保障公平正义,树立司法权威的问题上,法院与媒体的责任是一致的,两者之间需要形成一种良性的互动关系。一方面,法院应当转变司法理念,以更加自信和包容的心态对待媒体监督。应当认识到媒体监督属于言论自由的范畴,媒体有权报道案件,并且法院公正的审判通过媒体的报道可以向社会展示,这样有利于树立司法权威。人民法院应当对符合原则和规范的媒体报道给予理解和支持,以积极的心态为媒体监督司法创造宽松的环境,例如,建立健全旁听证发放制度,保障媒体能够及时参加庭审旁听。另一方面,媒体应当把握好对司法活动报道的"度"。向公众传达事情真相、坚守社会道义是媒体的历史使命,媒体一旦丧失新闻正义操守,不但会失去社会公信力还会对司法权威造成致命的伤害。因此,媒体应当恪守自己的职业道德,谨慎从事司法评论,作为案件审理的旁观者,媒体应当将对司法的监督主要放在对诉讼结果的监督之上,对诉讼过程的监督必须慎重行事。世界许多国家为保证法官能够完全自主、独立地行使审判职能,一般都有一项规则,即禁止媒体对正在进行的审判进行评论的规则。该规则的目的主要在于防止媒体滥用新闻自由,防止媒体对法官的审判活动作任意评论或妄下结论,避免法官因受舆论的影响和左右而丧失其实质独立的地位。就我国而言,规范媒体监督,就要遵守《中华人民共和国法庭规则》和最高人民法院《关于严格执行公开审判制度的若干规定》,这些规定对于媒体监督司法行为的规范是必要的,对于维护司法权威有着重要意义,媒体应当严格执行这些相关规定。此外,西方法治国家实行的审理不间断原则,即对审理案件的法官和参与审理的陪审官采取封闭式隔离的措施,使他们在案件的过程中不接触媒体,不与外界进行联系,直至案件审结为止,这项原则也值得我们学习和借鉴。

(二)司法裁判公信力的保障

1.司法裁判程序与结果公正及高效

司法裁判的公信力是指司法裁判公正被接受的程度要保证司法公正,不仅要在司法裁判结果上是公正的而且体现司法裁判作出的程序也是公正的,只有这样才能让司法权威受体真正信服司法裁判是公正的。

因此,这个问题实质上就是实体公正与程序公正的问题。实体公正与程序公正是司法公正不可分离的两个方面。要达到司法权威的真正树立,必须做到实体公正与程序公正的统一。实体公正也就是结果公正,它是人们将纠纷通过司法途径解决的根本目的所在,也是人们判定司法是否公正的最直接的标准。客观上讲,离开实体公正,司法就失去了它存在的意义。而判断结果是否公正的标准是多样的,并且公正与否的判断实质上是一个主观判定的过程,这里就会涉及司法价值观、法律价值观以及客观看待司法裁判结果的问题。这些因素的差异会直接影响人们对结果公正的主观判定。司法裁判结果由法官作出,他依据的是法律和法定的程序,秉承的是社会最一般的法律和司法价值观,人们对裁判结果的评判实际上也是对制约法官作出裁判的这些因素的评价。因此,法官作出裁判所依据的法律应该得到人们的认同。我国目前的法律体系在不断完善之中,基本可以做到有法可依,但是并不排除有些无法可依的现象出现。那么这里就存在法官自由裁量权的问题。衡量的标准应当是社会最一般的价值,而不能把目光局限在个案正义的角度,如果法官为了法律的一般正义而牺牲了个案正义,这是有正当性基础的,人们应当表示包容和认可,以此认同裁判作出所依据的法律是公正的。法官适用法律作出裁判的前提是对案件事实的掌握,这涉及法官对案件事实的认定问题。也就是说,法官对案件事实的认定依据和过程是否能被人们所认同,也是人们是否最终认同裁判结果是否公正的关键性问题。而法官对案件的分析和处理的依据是由法律作出明确规定的,在法治国家中采取的是法定证据制度,即证据的证明力、证据的采信、证明标准等等都是法定的,法官必须依据法定的证据制度来对证据进行分析和处理,最终作为裁判的依据。而对待证据的事实价值观在这个过程中是至关重要的,不同的事实价值观直接法官对证据的分析和处理,也会直接影响到人们对案件事实的认定。客观事实价值观认为,法官对案件事实的审理必须达到客观存在的程度,于是法官一方面会竭尽所能地去寻找客观事实,以期达到事实认定的标准,而另一方面法官和人们殊不知这样做是南辕北辙,从根本上不符合马克思主义的事实观,因为发生过的事实不可能再会被寻找到,拿客观事实的标准来作为法官认定案件事实的标准是不科学的。这种错误的事实观往往会引起人们对裁判结果的不正确认识,引起一系列不利于程序安定的问题,诸如再审程序的滥用、涉法信访现象的泛滥等。所以,法律事实价值观才是科学的,只要法官是按照法律的规定分析和处理案件事实,并且依照法定的程序,那么以此为依据所作出的裁判就是公正的。

公正不仅要得以实现,而且要以看得的见方式得以实现。裁判结果的最终作出是要经历一系列复杂的诉讼程序来实现的,在司法裁判结果作出之前人们据以判定是否公正的依据就是能够被感官直接感受到的诉讼过程是否符合公正要求,当诉讼的程序不满足公正、正义的要求时,人们便很大程度上或者完全不会相信经过这样的过程是可以得出公正结果的。因此,公正的程序既是人们信服裁判公正的重要一环,也是那些即使受到不利裁判结果的人们也会因为诉讼程序的合法、合理而接受裁判的公正的。这样的一个过程实际上会在人们心中形成一种对司法权的普遍信仰和尊重的心理,而这是司法权威得以树立的最重要的基础。那么,怎样程序才是公正的呢?程序公正的标准主要由程序正义、程序理性、程序主体平等、程序公开、程序制约和程序及时等构成。①

人们对司法裁判除了公正的要求之外,效率、效益是另外一个重要的诉求。所谓效率或效益是指以消耗最少的资源获得同样多的效果,或者消耗同样多的资源获得最大的效果。司法裁判需要消耗社会资源,而社会资源是一定的,因此,司法也要讲求效率,并且效率也是公正的应有之

---

① 本书第三章对程序公正有较为详细的讨论,这里不再赘述。

意。"在现代社会的动力下,诉讼延迟尤其不可接受,特别是对于经济实力不足以承受延迟负担的当事人而言,更是无法容忍。因此,长久的裁判是恶的裁判,诉讼延迟就等于拒绝裁判。正当程序也意味着禁止不合理的迟延,所谓迟到的正义非正义。"①"低效将削弱人民对司法的信任和信心,他们只好知难而退,选择其他途径解决纠纷,某些人甚至饮鸩止渴,诉诸黑社会势力以便及时地讨债或复仇……"有具体的司法制度设置符合效率的要求,只有法官具体运作司法权符合高效的要求,案件的处理在法定或合理的时间内完成并达到解决纠纷、维护权利的目的的时候,司法的公正才能让人们信服。从这个角度来讲,我国具体的民事诉讼制度在设计的时候必须考虑到司法效率的问题,这个问题也已经在第四章里有过专门的论述,这里不再赘述。

2. 司法主体具有社会认同的职业素养

司法权的最终运行者是法官,无论何种形态的司法权,它的运作都离不开法官这一主体。从这个意义上讲,司法权威的树立是与每一个法官密切相关的。"法官对于司法公正的意义不仅仅在于法官具体裁判个案的公正。智慧、高尚的法官的裁判观念、方式和令人信服的理由、结论,有时可能因被参照而成为裁判的模范,并可能因此引起宪法和法律观念的重要变革。"从人们最直接的感受来讲,对司法的信服往往会基于对承办法官的信任、尊重和敬仰而产生,而人们的这种信任、尊重和敬仰是与法官的业务知识、司法经验以及职业道德等具体的职业素养直接相关的。法官的职业素养主要通过学习和实践获得。因此,提高法官遴选的标准,只有那些经过数年专业学习和训练的法科学生才能进入法官队伍,以确保法官较高的专业知识素养;法官入职之后,除了不断地加强理论学习之外,提升法官的办案经验也是同等重要的,所以对入职的法官进行持续不断的良好培训是非常重要的。法官具有了社会认同的职业素养才有利于保障司法权威的树立。

建立法官培训制度是提高法官各项素质的重要措施之一,是提高办案质量和效率的重要保障;对法官进行培训也是人民法院为更好地适应

---

① [意]莫诺·卡佩莱蒂著,徐昕、王奕译:《当事人基本程序保障权与未来的民事诉讼》,法律出版社2000年版,第117页。

社会发展需要。我国《法官法》第 26 条、第 27 条和第 28 条对法官培训作了明确的规定,经过近十几年的努力,我国的法官教育培训工作取得了显著成绩。但依照《法官法》提出的要求,我国法官培训工作还存在以下缺陷:第一,《法官法》颁布以前,各级法院培训工作的重点在任职培训,培训的内容以学习岗位职务所要掌握的基础专业知识和基本业务技能为主。但依照《法官法》的规定,法官培训工作包括在职法官的理论培训和业务培训。其基本任务已不在于"扫盲",而着眼于"提高"。第二,法官培训缺乏规划性。从全国来看,各地的岗位培训工作数量不小,但效果不大,主要是缺乏有效统一的管理和缺乏对培训的规划所造成的。为了提高法官队伍的业务素质,有必要制定各级法院法官培训的年度计划和中、长期培训规划。法官培训工作应当向规范化、制度化、经常化发展。第三,法官培训的内容上还不够科学、全面。仅是对狭隘的岗位基础知识的培训,缺乏理论型、业务型和扩展知识型的法官培训内容。这样显然不适应快速发展的社会需要,不适应多变而复杂的案件需要。

针对以上存在的问题,我国法官培训工作需要作出以下方面的改革:(1)建立全国统一的法官培训制度。为了使法官培训工作做到有法可依、制度明确、措施配套、行之有效,应创设一套比较完善的法官培训制度。(2)建立、健全法官培训机构,充实工作人员。除已建立全国高级法官培训中心外,各省、自治区、直辖市也可考虑成立法官培训中心,分级培训法官,形成全国培训法官的网络。可以将法律业大同培训中心结合起来,两块牌子一套人马,成为法官培训的专门机构。最好的办法是积极创造条件,统一计划、组织、领导对全国法官的各种培训(包括学历教育、继续教育、专业证书教育和短期培训)。(3)选择高水平的培训师资。应由法官和大学教授、专家、学者结合起来进行法官培训。因为法官培训的目的就是为了以更高的水平办案,以更强的能力审判。而审判工作的实践性非常强,仅仅靠单纯的理论教学难以满足法官岗位培训的需要。新时期的法官,基本上为大学毕业、研究生毕业,基础理论知识已经掌握,新的理论研究成果、解决审判问题的理性思考,只能源于司法实践,又必须回到实践。单纯的理论教学就像一条腿走路,不与另一条腿——实践密切配合,是不可能均衡、快速地使审判工作向前发展的。法官学院及其分支机构的教员讲课也是不可或缺的。但是,他们必须经历过办案、办过大案、典型案件。因此建议作为培训法官的专职教员,宜将年工作时间按照四分法加以利用:一是学习。以自学、接受培训等形式进行,目的是积累。二是办案。无审判职称的可以适当形式参与审判全过程,在法官指导下协助做些审判法律事务工作;尽可能选择典型、疑难案件办理,目的是了解过程、发现问题、积累素材。三是研究。将实践上升为理性认识,用理论来说明和指导实践,将实践中的一些现象加以解释,予以指导。四是教学。法官培训不仅仅是法律及法律理论的培训。因为审判案件是法官适用法律于各种类型、纷繁复杂的案件中,因此,法官在经济、科技、税务、金融、海关、心理学、社会学等方面的知识是必不可少的,这些专业的教授应作为法官培训辅助课的教员。(4)改进法官培训的教学方法。现在的教学方法基本上是灌输式的,不能调动学员的积极性。应当提倡直观的、形象的、研讨式的教学方法。(5)加强法官的培训,如果没有足够的经费是难以开展工作的。从长远看,应将培训经费按培训计划列入国家财政预算。(6)加强法官培训方面的对外交流,包括交换图书资料、讲学、派法官以访问学者身份到国外进修、实习,个别的也可以攻读学位,等等;吸取和借鉴外国培训法官的有益经验。

(三)司法裁判终极性的保障

所谓司法裁判的终极性,是指当纷争转化为诉讼后,法院对其管辖的所有司法性质的争议享有最终裁判权,司法裁判一经作出,即具有确定力、拘束力和执行力,当事人(包括国家机关)都必须接受和执行这个司法判决,除有重大程序、证据方面的瑕疵,需启动特别程序予以改判之外,任何其他国家机关、任何力量和案件当事人都不得动摇、改变和推翻司法判决。终极性的司法裁判成为司法权威的主要标志。司法的终极性与司法权威之间存在着紧密的联系,如果法院作出的终审裁判可以被不断地修正和改动,则其权威性就会丧失,社会也就失去了信仰司法的理由和根据。司法裁判的终极性表示司法权是国家对社会冲突所作出的一种最终的、最权威的裁判权,然而裁判权的行使在客观上会受到来自主客观方面各种因素的影响和制约,会导致裁判权行使的结果不一定就符合正义的要求,因此,权利救济和纠错的机制就有存在的必然性,再审程序是这其中最重要的一种救济与纠错的程序制度,它既要以实现正义为目标,同时也要维护司法裁判的终极性。

1. 再审程序的理论基础与价值取向

基于法治国家原理和人民主权原则,人性尊严应该受到尊重,人民所享有的宪法上所规定的自由权、诉讼权、财产权以及生存权等权利发生冲突时,有权通过诉讼达到救济权利的目的。经过审理法官会作出相应的裁判来平息纷争,当事人的权利得以救济。裁判一旦作出就具有了确定力,为维护裁判的权威性、稳定性,通常情况下当事人不能再进行争议,也不允许法院随意变更或撤销。但是,可能会由于实质性证据方面的缺陷或者法官自身认识能力和水平有限,或者受到其他因素的影响(例如外界压力、以权谋私、枉法裁判、独断专行)使得已经作出的裁判可能存在错误。为了弥补错误判决和重大瑕疵程序给当事人带来的不利益,纠正发生的错误,就有必要设置一种就救济和纠错的机制,再审程序就是这样一种机制,通过赋予当事人和检察机关启动再审程序的权利,以维护当事人的合法权益。审判权最终的实施者是法官,而法官除专业素养之外与普通人并无不同,他也有弱点,会犯错,会被利益所引诱,而审判权的行使存在着自由裁量的空间,从这个意义上讲,再审程序是一种能够控制或减少法官随意性的程序机制,在诉讼程序中实现对审判权的制约。

再审程序的价值是多元的,包括公正、安定、秩序、效率等多重价值,它的价值取向就是在这些价值之间追求一种平衡。安定、秩序、公正都是民事诉讼程序的价值,但是在价值体系中,公正、正义处于优势地位。当安定、秩序价值与公正、正义价值发生冲突的时候,前者要让位于后者,但是这种以牺牲安定、秩序价值而实现公正、正义价值的做法不是随意的,必须有制度保障。

既判力制度的基本功能在于维护判决的稳定性、程序的安定性,进而维护社会生活的秩序。它着重的是安定和秩序价值,而非诉讼的公正、正义价值。但是,公正、正义是民事诉讼制度的最优价值,因此,当判决已经确定,具有了既判力,如果经过证明发现作出判决的基础性证据有严重缺陷,或者判决作出的程序存在重大的瑕疵,当事人的程序权利没有得到保障和体现,以致动摇了判决本身的公正性时,那么就有必要打破既判力的约束,也就是说不能再一味地追求安定、秩序价值,而有必要通过非常程序对当事人予以救济，以修正已确定的判决。这种打破程序的安定和秩序的做法，无疑是充满风险的，且与既判力制度的价值追求相悖，为了降低这种风险，在制度的设计上就必须更严谨、更科学，并且对启动这种非常程序的理由作出明确的规定。世界上不同国家都存在对于瑕疵的确定判决进行补救的救济程序，如大陆法系国家民事诉讼法上的再审之诉制度，就是为调节确定判决的安定性及判决的正确性和正当性而存在的制度。

公正和效率是民事再审程序的价值追求，这个无可非议，但是在再审程序中如何处理这两者之间的关系是个核心问题。我们应当认识到，在民事再审程序中，效率价值应当屈从于公正价值，但是实现公正、正义价值的同时应当兼顾效率价值，即公正优先、兼顾效率。

2. 再审程序的再完善

(1) 我国再审程序的理念突破与修正的主要内容。全国人大常委会于2012年8月31日通过了《关于修改〈中华人民共和国民事诉讼法〉的决定》，《民事诉讼法》完成了继2007年之后的第二次修正，丰富了申请再审法律制度的内涵。

①理念上的突破。第一，树立了再审之诉的理念。虽然在不同的场合或表述中"再审之诉"的含义会有微妙的差异，但是一般来说，它是指"应赋予当事人针对生效裁判而寻求救济的部分行动以诉权或诉讼权利性质，既给以充分的程序保障，又要求当事人承担相应的义务"。此次对《民事诉讼法》中再审制度的修改，最大的进步就是在原《民事诉讼法》业已树立"申请再审"的基础上，将旧有的再审事由进一步明晰化、法定化，将当事人申请再审诉权化，正式树立了当事人"再审之诉"的理念。第二，此次《民事诉讼法》的修改，明确了民事再审程序的"三阶"架构理念。修改后的《民事诉讼法》的第203条和第204条对立案受理阶段和再审事由审查阶段分别进行了明确规定，而经过修改后的第207条又沿袭了原《民事诉讼法》第186条的规定，可以明确得出这样的结论：当前的《民事诉讼法》树立了人民法院审理再审案件的程序，分为对当事人申请再审的受案、事由审查、再审审理这三个相对独立的阶段。第三，"再审申请书"的提出，使得申请再审与信访申诉区别开来。修正后的《民事诉讼法》第203条中提出了"再审申请书"的概念，按照此条规定，当事人欲提出再审

申请时,应当提交符合法定形式要件的书状,不满足此条规定要求的"来信来访"将不会被当作再审申请处理;法院对当事人的再审申请书须以民事裁定书的形式予以回复。

②主要修正内容。第一,再审管辖采用"上级人民法院为原则,原审人民法院为例外"的方式。即在坚持"申请再审上提一级"规定的基础上,增加规定当事人一方人数众多和当事人双方为公民的案件也可以向原审人民法院申请再审,从而改变了修改前申请再审一律由上一级法院管辖的原则。这样的规定既能缓解因"双重共同管辖"给司法实践所造成的再审管辖的混乱局面,又能将这两类纠纷矛盾化解在基层法院,从而提高司法资源在上下级法院之间的优化配置,实现效益最大化。第二,将再审事由法定化、明晰化。终极性裁判所具有的既判力并不是不能被打破的,也存在着例外。从这个意义上可以讲,再审制度是反向划定既判力作用的边界,是对既判力的法定突破。这种突破肯定会带来风险,为了减轻或者避免这种风险的发生,各国主要是通过设立法定的再审事由来实现的。2012年的立法修正,针对再审程序中容易发生错误的环节和因素,将申请再审的事由增加到现在的13项,增强了再审事由的客观性和可操作性,更有利于对当事人申请再审权利的保护。第三,明确了再审事由的审查期限和审查程序。以前,对再审事由的审查期限和审查程序没有明确的法律规定,人民法院对再审申请的审查基本上会按照习惯做法进行,这种状况容易导致当事人不满,进而造成当事人长期申诉和缠诉,不仅对司法权威造成不利影响,也成为了社会不稳定的因素。考虑到解决这些可能出现的问题,新《民事诉讼法》完善了申请再审审查程序,明确了审查程序和审查期限。第四,缩短了申请再审期间。原《民事诉讼法》对申请再审期间做了"2年"期限延长的例外规定,新《民事诉讼法》对申请再审期间统一缩短为6个月。两年的申请再审期限过长,不利于法律关系的稳定,三个月内提出再审事由又过窄。

(2)再审程序的再完善。新《民事诉讼法》从保障当事人再审申请权的立场,对再审程序进行了修改,但是经过多年多的实践,我们发现目前的再审制度还存在不足,集中体现在关于申请再审的审查程序和再审审理程序的立法还很不完善,给司法实践部门的具体操作带来了不少问题,以下从这两个方面对立法的不足进行一个归纳,以期对我国的再审程序进行再完善,从而为我司法权威的树立创造更好的条件。

①关于申请再审的审查程序的立法缺陷:第一,关于再审新证据的范围和认定的标准,修改后的《民事诉讼法》规定得还不够完善,例如,未将反复鉴定或重新鉴定的鉴定结论纳入新证据的范围,而这些结论很有可能是新的证据;再例如,关于判断新证据的"足以推翻原判决、裁定"这一标准的认定阶段,《民事诉讼法》未作出规定,即是应在立案受理阶段认定新证据,还是应在审查阶段或在再审审理阶段认定新证据不得而知。第二,判断案外人申请再审的"与执行标的物具有不可分利益"的标准,是否涵盖案外人的债权受到原判决、裁定或调解书侵犯的情形,新《民事诉讼法》没有作出规定,而这种情形在实践中却大量存在着。

②关于再审审理程序的立法缺陷:第一,依据《审监程序解释》第31条的规定,再审案件必须开庭,然而这种要求再审案件一律开庭的规定是否合理值得商榷,例如,当再审案件争议标的额不大、地理环境比较差、交通又不便利,如果仍然让双方当事人克服重重困难参加审理,无疑增加了当事人诉累。第二,依据《审监程序解释》第8条的规定,再审案件的审理应当组成合议庭,然而对法院是否需将合议庭的组成情况告知当事人却没有规定。第三,对申请再审案件事由进行审查的合议庭是否可以继续对案件进行审理,新《民事诉讼法》并未规定。第四,对在法定审查期限内法院要求当事人补充或改正申请书材料的,补充或改正的期间是否计算在三个月的审查期限内,新《民事诉讼法》和《审监程序解释》都没有明确的规定,这会给法院的工作带来困惑。

除此之外,新《民事诉讼法》及《审监程序解释》对检察院的抗诉再审程序的相关规定不够细致,例如,未规定检察院的调查取证是否属于再审新证据;再例如,未规定当检察院对于再审事由的理解与法院的理解存在矛盾时的解决方案。

(四)司法裁判执行力的保障

发生法律效力的判决、裁定等法律文书能否得到执行,直接关系到当事人合法权益的实现。执行程序是审判程序的继续,是当事人的"纸上权利"向"现实权利"转化的程序,是当事人诉讼目的实现阶段。为了保障生效法律文书所载权利的实现,执行程序天然具有了更多的职权主义和强制力的色彩。可以这样讲,纠纷当事人愿意将纠纷通过诉讼的途径解决,很大程度上是看重了国家强制力对于自己权利实现所具有的强有力保障。从应然的角度讲,当事人之间的纠纷通过法庭审理作出相应的处理,当有关的判决、裁定或者其他法律文书生效后,当事人的权利就理应得以实现。然而,这只是理想状态下的设想,事实上并不是所有的生效判决、裁定都能够得以执行,这显然与当事人的设想相背离。这样的结果,势必会间接地影响司法在人们心中的尊严和权威,动摇人们对法律的信心。如果人们对这种合法的、正式的权利救济渠道彻底绝望,就会采取一些非常极端的手段来保护自己的权利,就会使用法律之外的手段去实现公正,各种各样的私力救济会成为经常性的实现权利的方式,这显然与法治的要求和目标不符。

对于这种在执行程序中申请执行人的权益得不到保护的情况,我们应当高度关注,并作出细致的分析和研究。从法律层面讲,执行不力会使债权债务关系发生逆转,导致市场失灵,信用机制难以建立,严重损害公平的市场经济秩序,从而会摧毁人民大众对法治的信心,使得司法权威难以树立。从社会层面讲,当事人权益得不到有效保护,长此以往,人们对法律的不信任就会转化为对党和政府的失望,甚至会引发恶性暴力事件,影响社会稳定的大局。由此可见,法院执行工作不仅是一个法律问题,更是一个社会问题,解决得好不好,将直接影响国家改革、发展、稳定大局。

1. 执行难的基本问题

(1)何谓"执行难"。"执行难"是长期困扰我国民事司法领域的一个重大问题,如果生效的裁判得不到有力执行,那么不仅直接关系到当事人权利的实现问题,从深层次讲会对国家司法权威的树立和社会秩序的稳定造成极大的伤害,因此,如何解决好"执行难"问题,找出解决的对策是非常必要也是非常重要的。首先,要对"执行难"的含义界定清楚,只有弄清楚什么情形是"执行难"才能"有的放矢"提出有效解决问题的对策和方法。然而,在过去相当长一段时期里,人们看到的仅仅是"执行难问题"的表面现象,没有形成较为深刻的认识。只要有生效法律文书不能得以执行的情形都认为是"执行难",不分青红皂白地把债权不能实现的责任全部归咎于人民法院,一味地指责法院是打"法律白条",不顾及债权人利益的实现。经过多年的实践反思,人们逐渐认识到这种对"执行难"含义的界定过于宽泛,对造成"执行难"的原因缺乏类型化的分析,"一刀切"这种做法的直接后果是责任主体不能"对号入座",进而从根本上不利于"执行难"问题的解决。为什么这么讲呢?因为,造成生效裁判不能执行的原因如果是被执行人已无实际可供执行的财产或者是可供执行的财产不足以实现全部债权或不能在多个债权人之间足额分配,那么这种情形下仅靠加大执行力度显然无法解决,"执行难"的责任不应当由人民法院来承担。这与病人如果患了"不治之症",再好的医生也回天乏术的道理一样。依基本常识可知,任何民事交易都存在风险,交易人在交易前对于自己的债权能否顺利实现都会有基本的认识并作出行为选择,它的实现取决于债务人的财产状况,而在债权实现时债务人财产状况好坏的风险显然应由交易人自己来承担。"受益与风险并存。"因此,因被执行人无履行能力,没有可供执行的财产而导致不能执行的案件显然不应属于真正意义上的执行难,而应视为客观意义上的执行不能,称之为"执行不了"案件。真正意义上的执行难,应当是指被执行人有履行能力,但由于种种原因却得不到执行的情形,称之为"执行得了"的案件。

(2)执行难案件的分类。受"执行应当以实现权利为己任,执行并不等同于诉讼,诉讼的目的是确定权利,执行的目的则是实现权利"理念的影响,"权利实现的执行模式"是法院民事执行的主流模式,这种模式对于回应"执行难"的职责,在一定程序上缓解了矛盾,但是由于此种模式下未对执行案件的客观特性有足够的把握,导致这种回应的效果并不好,甚至出现对"执行难"的责难愈演愈烈的倾向。

事实上造成"执行难"的原因是多种多样的,原因不同,"执行难"的表现也就不同,有些案件执行难是法院主观上不努力所造成的,有些案件执行难与法院的主观努力没有太大关系而主要是因为案件的客观特性所造成的,例如被执行人缺乏履行债务能力导致裁判难以执行。如果不对造成执行难的原因进行分析,而一概地将裁判不能实现的情况都归结为"执行难",这样一方面会让法院承担太多的责任,同时不利于正确地引导人们理性地看待"执行难",另一方面也不利于对申请人和被执行人利益的保护。所以,对执行难案件进行类型化的区分是十分有必要的。根据造成执行难的原因的不同可以将执行难案件大致分为两类,一类是"执行不了"类案件,另一类是"执行得了"类案件。

(3)关于"执行不了"类案件。所谓"执行不了",是指那些因受被执行人履行债务能力缺陷或其他社会法治环境因素影响造成客观上的执行不能。关于"执行不了"类案件的认识和把握,涉及对造成这种结果的责任由谁承担的问题,是申请执行人还是人民法院?而不同的执行理念会得出不同的答案。"权利实现执行模式"下,强调对申请执行人权利的完全实现,如果未能实现,人民法院则就是打"法律白条",应该受到责难。然而,这种解决理念对于"执行不了"类案件是不适当的。

从对"执行不了"案件的定义不难看出,这类案件的执行不了是由案件特性决定的,与法院主观的努力关系不大,不分"青红皂白"地让法院承担所有责任包括那些本应由当事人自己承担的责任,显然是不合理的,并且这样做会错误地引导当事人看待执行难的现象。因为,第一,从当事人角度来讲,受"权利实现执行模式"理念的影响,申请执行人心理普遍存在一种想法,即法院作出的生效裁判必须得到执行,自己的债权必须得到实现,否则法院就是"玩忽职守",就应当承担执行不了的责任。然而,执行申请人的这种想法忽视了自己本应承担的一定风险,对法院所持的这种态度也是不合理的。即使法院对纠纷经过审理作出了裁判,但是法院所做的仅是确定纠纷当事人之间的权利义务关系,并不保证债权一定实现,因为裁判所确定的债权是否能够实现一方面要看被执行人是否具有履行债务的能力,另一方面法院强制执行的采取需要申请执行人提供法定的线索。从"执行是审判的延伸"的角度讲,当事人之间的交易从开始就存在一定的风险,这是商品经济的本质所决定的,并且这种风险会一直延续到裁判的执行阶段,因此,执行是否能得到实现的风险,申请执行人是应当担当的,而不能将这种风险转嫁给法院。申请执行人那种一味地要求"权利实现"并且一概地要求法院承担责任的想法是不切实际的也是非常不合理的。

第二,从法院的角度来讲,由于受到"权利实现执行模式"理念的影响,执行工作不对案件的具体情形进行分析,一味地追求对申请执行人权利的实现,一方面导致增加法院执行工作的压力,另一方面从根本上不利于申请执行人和被执行人权益的保护。从案件的特性来看,"执行不了"案件实际上就是客观执行不能,对于这类案件,"权利实现"的理念并不适用,因为,裁判不能兑现是由客观因素造成的,例如,被执行人没有履行债务的能力或者阻碍裁判执行的原意来源于地方保护主义等,这些客观因素的存在决定了申请执行人的债权恐难实现,如果这种情况下法院还是一味地追求"权利实现",造成的后果只能是做"无用功",事倍功半,并且这些案件很有可能会成为法院的"执行积案",从此成为法院执行工作的"重担",于是乎法院会采取诸如"积案清理""零点行动"等行动,往往却是"雷声大,雨点小",执行的效果很差,这反过来又会影响执行申请人和公众对法院执行工作的不满。所以,"权利实现执行模式"理念应该只适用于那些"执行得了"类的案件。除此之外,受"权利实现执行模式"理念的影响,"执行率"往往会成为法院内部和社会各界评价法院执行工作效果的直接标准,在这种压力之下很多法院就会采取一切可以采取的措施和方式去达到高的"执行率",甚至会采取一些违法的手段,例如,在重压之下,法院的执行工作呈现出超职权主义的趋势,甚至违法地对那些本该按照清偿顺序执行的不按照法定的顺序执行,对那些本该按照公平原则分配的执行财产而未遵守公平原则的要求等。事实上,这些做法显然属于"用力过度",既会对被执行人的权利造成伤害,也是对法院执行资源造成不合理的浪费。例如,那些被执行人压根就不具有履行能力的案件,法院这样的执行工作显然会侵犯其基本的生存权,会被社会一般正义理念所不容,因此会损害法院的形象进而对司法权威造成伤害。

(4)关于"执行得了"类案件。所谓"执行得了",指的是被执行人有债务履行能力,但由于种种原因却得不到执行。我们称之为"真正意义上的执行难"。造成"执行得了"类案件的原因主要有两个方面:一是社会诚信机制缺乏,对被执行人逃避债务行为规制不力;二是法院对"执行得了"类案件的执行方式错位,没有针对性。我国目前存在的一个突出问题就是社会诚信机制还未建立,整个社会诚信观念严重缺失。在执行程序中就表现为被执行人不遵守诚信甚至耍赖,拒不履行生效裁判或其他法律文书。一些被执行人为了逃避债务可谓想尽一切办法,"不怕做不到,就怕想不到",例如,采取多头开户、公款私存、脱壳经营、假离婚等手段达到拖、赖、躲、逃等目的而抗拒执行。这种案件成为法院"执行难"的主要原因,也是需要我们更加关注并予以解决的执行难案件类型。

法院不对执行案件类型进行区别,不对执行难易程度进行区分,而是将执行资源平均地投入到所有的执行案件之中,这种做法是非常不合理、不科学的。显然,对那些"执行不了"类案件投入过多的执行资源是得不偿失的,即使消耗了大量的人力、物力,仍旧会显得软弱无力,无法充分保障申请执行人的权利实现,最后还是落个骂名。"执行得了"类案件则不同,因为被执行人是具有履行债务能力的,若投入足够的执行资源,实现债权人权利的可能性是很大的。那种不分执行案件类型、实行统一的执行方式,诸如说服教育、劝说、开导、宣传等做法对"执行不了"类案件而言使得强制执行变成了简单的重复讨账,而对于"执行得了"类案件则会因为延误了最佳执行时机,使得执行工作陷入被动局面,从而最后演变成为"执行不了"的案件,这无疑会恶化"执行难"的整体形势。

简言之,忽视对执行案件客观特性的理解和把握,对执行案件不作类型化分析,将所有执行案件混为一谈,不作区分地同等施力、均衡使力,造成法院执行资源的配置不科学、不经济、不效率,既不符合司法效益最大化的要求,也从根本上不能对"执行难"的指责作出有效回应。

2. 关于解决执行难的思考

如上所述,"权利实现执行模式"对于"执行得了"类案件的执行目标需要继续坚持并强化,而对于"执行不了"类案件则要进行修正。这类执行案件因客观原因不能实现实体公正和正义,在权利无法实现的情况下,化解当事人的不满和指责的唯一出路是如何从执行程序公正、从形式正义的层面来保障当事人的合法权益。因此,可以对"执行得了"类案件和"执行不了"类案件采取不同的执行模式,即对"执行不了"类案件,强化程序公正,坚持以"理"服人,实现对申请执行人和公众的怨言与不满;而对"执行得了"类案件,则要强化实体公正,坚持以"力"服人,通过突出执行的威慑力、强制力来迫使被执行人履行义务,实现申请执行人的权利。简单来讲就是要坚持民事执行工作兼顾权利实现和程序公正。具体来讲:

(1)"执行不了"类案件要以"理"服人。对"执行不了"类案件而言,坚持以"理"服人优先,充分保障申请执行人程序性权利,通过对其宣传来扭转错误的执行观念,达到减轻甚至消除申请执行人对权利无法实现产生抱怨的效果。要达到这样的目的必须完成以下工作:第一,完善执行宣传机制。错误的执行理念对案件当事人的指导无益于"执行难"问题的解决,甚至会对执行程序造成不良的影响,及时加强对正确执行理念的宣传对于改变申请执行人对执行工作的错误认识是非常有必要的。人民法院一方面要对"打法律白条"的不公指责作出正面积极的回应,另一方面要积极引导申请执行人正确对待执行风险。人民法院应当公开宣布对"执行不了"类案件的"执行难"不应由其承担责任,只对"执行得了"类案件因没有执行到位而造成的"执行难"承担责任。另外,也要加强对当事人进行执行风险自负的观念的宣传,减少对法院执行工作的无端指责。第二,从执行立法、执行程序以及旧案执行的层面消除对执行的不满。就执行立法而言,要尽快制定单独的强制执行法,从根本上改善执行立法粗略滞后给执行工作带来的局限。就执行程序而言,要增强执行程序的透明度和参与性。例如,对那些属于被执行人履行能力低或者没有履行能力的案件,可以邀请申请执行人参与案件的执行,让其切身感受到法官的执行工作和对自己权利的尊重,从根本上消除申请执行人对法院执行工作的不必要误解。就旧案执行而言,可以成立"执行善后组"专门负责对旧案的恢复执行,恢复执行的启动要以当事人的申请为准,并且对旧案执行情况的评价标准在质量而不在数量,即对执行善后组的工作要以执行申请人的满意程度为评价的标准,这样旧案的执行渴望取得很大的改善,鉴于执行旧案最易引起当事人和公众的不满,因此执行旧案如果得到了较好的解决,无疑对法院权威和司法权威的树立意义重大。①

(2)"执行得了"类案件要以"力"服人。"执行得了"类案件是因为被执行人违背诚信而导致执行难,因此对其加大执行力度是解决这类执行难案件最有效的方法。第一,强化执行威慑力。通过加强执行力、提高被执行人责任和被执行人强制执行的成本等途径,达到增强强制执行程序对债务人的威慑力,促使其自动履行债务,使更多的债务人主动履行生效裁判所确定的内容,而不是通过强制执行使申请执行人的权利得以实现。这要做好两个方面的配套工作:一方面要建立被执行人诚信信息管理系统,根据法院提供的被执行人欠债不还的信息,银行、工商登记、房地产管理、工程招投标管理、出入境管理等部门限制被执行人贷款、注册新公司、购置地产、承揽工程、经营贸易、出境等权利,逐步从法律、经济、政治、道

---

① 冯一文:《我国民事强制模式变革论——以回应当事人"执行难"责难为归宿》,载《河北法学》2008年第8期。

德、生活、舆论等方面给不讲诚信者布下一张综合网,促使债务人自动履行生效裁判,从而开辟出解决执行难的新途径。① 另一方面,要强化执行制裁机制建设。强化对"执行得了"类案件被执行人的制裁,严厉惩罚暴力抗法行为,使那些心存侥幸的被执行人深切地感受到制裁的严厉性,促进其自动履行生效法律文书,从根本上缓解和克服执行难。第二,强化执行强制力。执行强制力的依据是强制性法律规范和措施,它通过执行人员的执行行为来体现,而执行人员的执行行为是法规规定的执行措施的具体体现,因此,需要执行人员依照职权主义的要求完美地实施强制措施,执行所具有的强制力才能实现和强化。因此,如何完善强制执行措施,是强化执行强制力的核心。我们认为可以从以下几个方面来完善强制执行措施:首先,制定被执行人财产强制申报制度。针对被执行人在接到执行通知书后,会采取隐匿财产的手段来逃避执行的现象,应当制定被执行人财产强制申报制度。规定被执行人根据法院裁定申报财产是其必须依法履行的义务,无正当理由拒绝申报、逾期申报或申报不实的,将被依法拘留、罚款直至追究刑事责任。其次,要依法用足查封、扣押、冻结、划拨等强制执行措施,依法拍卖、变卖被执行财产,提高权利实现率。再次,要不断创新执行方式,"在积极运用悬赏执行、曝光执行、公告执行、审计执行、限制高消费、债务人名录等执行方式方法的基础上,继续探索新的执行方式方法,不断丰富发现被执行人财产的路径"。最后,强化执行财产的调查。对被执行人申报的财产或申请执行人提供的财产线索,执行人员必须及时调查,并且要不断丰富执行调查的手段,明确人民法院调查财产的条件和手段,用足用好法定调查权。

---

① 童兆洪:《民事执行的法理思辨》,人民法院出版社2006年版,第322~323页。

五、本章小结

　　通过与西方法治国家的司法权威模式相比较,我国无论在司法权威生成的政治制度、司法制度,还是具体的程序制度方面都存在着自己特殊的情况,混合型的司法权威模式就是这种情况的直接表现。从我国建设社会主义法治的目标来看,它显然只是我国司法权威的一种过渡形态。因为,这种司法权威模式之下存在着诸如权利保障不力、为了国家和社会整体的利益牺牲个体利益的情形。而从我们的国体、政体和经济制度来看,在我国不存在个体利益与国家利益、社会利益的根本冲突,出现这样的情况并不是我国司法权威应有的状态。从我国的政治制度、经济制度、司法制度以及政党制度等层面审视我国的司法权威,我们得出的结论是:自觉型司法权威模式应当是我国司法权威发展的方向和目标。为了这个目标的实现必须对影响司法权威树立的各种因素作出合理的调整。就体制保障而言,必须建立健全符合我国国情的司法独立制度,对党的司法领导、人大的司法监督、检察监督权的监督以及行政权与司法权关系等都要重新进行规范。就理念保障而言,一方面要强化司法权威主体权利保障的理念,包括党的司法理念的重新树立;另一方面通过改善法治环境,引导和促进司法权威受体对于司法权威的认同。就程序制度保障而言,司法权威的树立缺少不了监督制度的完善;同时,裁判权威的实现和保障是衡量司法权威树立的直接标准,因此,从程序制度上完善对裁判公信力、终极性和执行力的保障,对司法权威的树立也具有重要的意义。

参考文献

《邓小平文选》(第3卷),人民出版社1993年版。

《马克思恩格斯选集》(第2卷),人民出版社1972年版。

《牛津高阶英语双解词典》,商务印书馆1997年版。

[美]E. 博登海默著,邓正来译:《法理学——法律哲学与法律方法》,中国政法大学出版社2004年版。

[美]Herbert L., Petri John, M. Govern著,郭本禹等译:《动机心理学(第5版)》,陕西师范大学出版社2005年版。

[英]M. J. C. 维尔著,苏力译:《宪政与分权》,生活·读书·新知三联书店出版社1997年版。

[苏]N. N. 安东诺维奇著:《资产阶级社会学理论批判(上册)》,湖北人民出版社1987年版。

[美]昂格尔著,吴玉章、周汉华译:《现代社会中的法律》,译林出版社2001年版。

[美]鲍勃·伍德沃德、斯科特·阿姆斯特朗著,熊必俊、虞孝准、李士培译:《美国最高法院内幕》,广西人民出版社1982年版。

[英]彼得·斯坦、约翰·香德著,王献平译:《西方社会的法律价值》,中国法制出版社2004年版。

[美]波斯纳著,苏力译:《法理学问题》,中国政法大学出版社1994年版。

[美]哈罗德·J.伯尔曼著,梁治平译:《法律与宗教》,上海:生活·读书·新知三联书店出版社1990年版。

蔡定剑:《历史与变革》,中国政法大学出版社1999年版。

蔡宗珍:《人性尊严之保障作为宪法基本原则》,载《月旦法学》第45期。

陈光中、肖沛权:《关于司法权威问题之探讨》,载《政法论坛》2011年第1期。

陈瑞华:《司法权的性质——以刑事司法为范例的分析》,载《法学研究》2000年第5期。

陈瑞华:《刑事审判原理论》,北京大学出版社1997年版。

陈瑞华:《司法权的性质就是判断权》,载《法学》1998年第8期。

陈祥骥:《中国执政党运行机制创新研究》,宁夏人民出版社2006年版。

程竹汝:《司法改革与政治发展》,中国社会科学出版社2001年版。

[英]戴维·米勒著,应奇译:《社会正义原则》,江苏人民出版社2001年版。

[英]丹宁勋爵著,李克强、杨百揆、刘庸安译:《法律的正当程序》,商务印书馆1984年版。

[美]罗纳德·德沃金著,潘汉典译:《论规则的模式——略论法律规则与原则、政策的法律效力,批判实证主义》,载《法学译丛》1982年第2期。

[美]罗纳德·德沃金著,李常青译:《法律帝国》,中国大百科全书出版社1996年版。

董璠舆:《日本司法制度》,中国检察出版社1992年版。

[美]约翰·杜威著,孙有中等译:《新旧个人主义:杜威文选》,上海社会科学院出版社1997年版。

冯一文:《我国民事强制模式变革论——以回应当事人"执行难"责难为归宿》,载《河北法学》2008年第8期。

[英]弗·培根著,水天同译:《培根论说文集》,商务印书馆1983年版。

高鸿钧:《中国公民权利意识的演进》,载夏勇主编:《走向权利的时代》,中国政法大学出版社2000年版。

顾培东:《中国司法改革的再认识》,载张明杰主编:《改革司法——中国司法改革的回顾与前瞻》,社会科学文献出版社2005年版。

顾肖荣:《法律监督与司法权威》,载《政治与法律》2004年第5期。

郭成伟:《略论中国传统文化对司法制度的影响》,载陈光中主编:《中国司法制度的基础理论和专题研究》,北京大学出版社2005年版。

[英]哈特著,张文显等译:《法律的概念》,中国大百科全书出版社1996年版。

[美]亚历山大·汉密尔顿、约翰·杰伊、詹姆斯·麦迪逊著,程逢如译:《联邦党人文集》,商务印书馆1980年版。

郝明金:《略论司法权威》,载《山东审判》2001年第6期。

贺日开:《司法权威与司法体制改革》,南京师范大学出版社2007年版。

贺卫方:《司法的理念与制度》,中国政法大学出版社1998年版。

贺卫方:《具体法治》,法律出版社2002年版。

[德]黑格尔著,范扬、张企泰译:《法哲学原理》,商务印书馆1961年版。

胡夏冰:《司法权:性质与构成的分析》,人民法院出版社2003年版。

黄桂兴:《浅论行政法上人性尊严理念》,载城仲模主编:《行政法之一般法律原则(一)》,三民书局1994年版。

[英]霍布斯著,黎思复、黎廷弼译:《利维坦》,商务印书馆1986年版。

季金华:《程序正义:司法权威的基石》,载《南京社会科学》2003年第9期。

季金华:《司法权威论》,山东人民出版社2004年版。

季金华:《理性司法观的培养:司法权威的观念支持》,载《法律适用》2004年第1期。

季金华:《司法权的意义阐释》,载《江海学刊》2004年第6期。

季金华:《论司法权威的权利文化基础》,载《河北法学》2008第11期。

季卫东:《法律程序的意义——对中国法制建设的另一种思考》,中国法制出版社2004年版。

季卫东:《法治秩序的建构》,中国政法大学出版社 1999 年版。

焦洪昌、姚国建:《宪法学案例教程》,知识产权出版社 2004 年版。

[澳]杰勒德·布伦南著:《是"为人民的法院",不是"人民的法院"(上)——1995 年 7 月 26 日在迪金大学法学院开学典礼上的讲话》,载《人民司法》1999 年第 3 期。

金殿军:《民事执行机制研究》,复旦大学 2010 年博士学位论文。

[德]康德著,沈叔平译:《法的形而上学原理——权利的科学》,商务印书馆 1991 年版。

[德]古斯塔夫·拉德布鲁赫著,米健、朱林译:《法学导论》,中国大百科全书出版社 1997 年版。

李景鹏:《权力政治学》,黑龙江教育出版社 1995 年版。

李震山:《人性尊严与人权保障》,元照出版公司 2009 年版。

李祖军:《契合与超越——民事诉讼若干理论与实践》,厦门大学出版社 2007 年版。

廖一人:《现代司法制度》,台北黎明文化事业公司 1982 年版。

[美]查尔斯·林德布洛姆著,王逸舟译:《政治与市场:世界的政治——经济制度》,上海三联书店、上海人民出版社 1995 年版。

刘敏:《当代中国的民事司法改革》,中国法制出版社 2001 年版。

刘杨:《法律权威论》,载张文显、李步云主编《法理学论丛(第 3 卷)》,法律出版社 2002 年版。

[美]罗·庞德著,沈宗灵、董世忠译:《通过法律的社会控制——法律的任务》,商务印书馆 1984 年版。

罗传贤:《行政程序法基础理论》,台湾五南图书出版有限公司 1993 年版。

[英]约翰·洛克著,叶启芳、瞿菊农译:《政府论(下篇)》,商务印书馆 1996 年版。

[美]马丁·P. 戈尔丁著,齐海滨译:《法律哲学》,生活·读书·新知·三联书店出版社 1987 年版。

[德]马克斯·韦伯著,林荣远译:《经济与社会(上卷)》,商务印书馆 2006 年版。

[美]迈克尔·D. 贝勒斯著,张文显译:《法律的原则——一个规范的分析》,中国大百科全书出版社 1996 年版。

[法]孟德斯鸠著,张雁深译:《论法的精神(上册)》,商务印书馆 1959 年版。

[意]莫诺·卡佩莱蒂著,徐昕、王奕译:《当事人基本程序保障权与未来的民事诉讼》,法律出版社 2000 年版。

[美]P. 诺内特、P. 塞尔兹尼克著,季卫东、张志铭译:《转变中的社会与法律——迈向回应性法》,中国政法大学出版社 1994 年版。

[日]棚濑孝雄著,王亚新译:《纠纷的解决与审判制度》,中国政法大学出版社 1994 年版。

乔克裕、高其才:《法的权威性论纲》,载《法商研究》1997 年第 2 期。

任培，陆鹏：《试论司法权威的社会心理基础》，载《法制与经济》2009 年第 9 期。

沈德咏：《为中国司法制度改革问诊切脉》，载《中国律师》1997 年第 7 期。

［美］施密特著，梅然译：《美国政府与政治》，北京大学出版社 2005 年版。

宋冰：《程序、正义与现代化——外国法学家在华演讲录》，中国政法大学出版社 1998 年版。

苏力：《送法下乡》，中国政法大学出版社 2001 年版。

孙长春：《司法权威的制度建构——以我国法院审判为视角》，吉林大学 2007 年博士学位论文。

孙发：《司法权威初步解读》，载《当代法学》2003 年第 9 期。

孙发：《司法权威研究》，吉林大学 2004 年博士学位论文。

孙祥壮：《关于民事上审判监督程序修改后实施情况的调研报告》，载《法律适用》2009 第 2、3 期。

孙笑侠：《程序的法理》，商务印书馆 2005 年版。

谭世贵：《论司法权威及其确立》，载陈光中主编：《刑事司法论坛（第二辑）》，中国人民公安大学出版社 2009 年版。

童兆洪：《民事执行的法理思辨》，人民法院出版社 2006 年版。

童兆洪：《民事执行调查与分析》，人民法院出版社 2005 年版。

［法］托克维尔著，董果良译：《论美国的民主（上卷）》，商务印书馆 1991 年版。

［英］托马斯·潘恩著，马清槐等译：《潘恩选集》，商务印书馆 1981 年版。

王保国：《正当程序与司法权威》，载《前沿》2006 年第 12 期。

王翠英：《现代公信力的道德价值》，载《光明日报》2005 年 7 月 26 日。

王利明：《司法改革研究》，法律出版社 2000 年版。

王亚新：《"再审之诉"的再辨析》，载《法商研究》2006 年第 4 期。

肖建国：《司法公正的理念和制度研究》，中国人民公安大学出版社 2006 年版。

谢佑平：《司法独立与司法权威》，载《政治与法律》2004 年第 5 期。

徐显明：《依法治国与司法体制改革研讨会发言》，载《法学研究》1999 年第 4 期。

许崇德：《中华人民共和国宪法史（上卷）》，福建人民出版社 2005 年版。

薛广洲：《权威类型的哲学论证》，载《中国人民大学学报》2001 年第 1 期。

严励：《司法权威探论》，载《华东政法学院学报》2004 年第 4 期。

杨一平：《司法正义论》，法律出版社 1999 年版。

［美］詹姆斯·S. 科尔曼著，邓方译：《社会理论的基础（上册）》，社会科学文献出版社 1999 年版。

张卫平：《民事诉讼：关键词展开》，中国人民大学出版社 2005 年版。

张卫平：《起诉难：一个中国问题的思索》，载《法学研究》2009 年第 6 期。

张卫平：《民事诉讼法学（第三版）》，法律出版社 2010 年版。

张文显:《二十世纪西方法哲学思潮研究》,法律出版社2006年版。

张晓薇:《民事诉权滥用规制论》,四川大学2004年博士学位论文。

郑成良:《法律之内的正义——一个关于司法公正的法律实证主义》,法律出版社2002年版。

中国社会科学院语言研究所词典编辑室:《现代汉语词典(修订本)》,商务印书馆1996年版。

周伟:《司法公正:司法权威的生成基础》,载《政治与法律》2004年第5期。

最高人民法院执行办公室:《强制执行指导与参考(第1辑)》,法律出版社2003年版。

左卫民、周长军:《变迁与改革——法院制度现代化研究》,法律出版社2000年版。

图书在版编目(CIP)数据

司法权威:认同与制度建构/董疆著.厦门:厦门大学出版社,2015.6
(民事程序与裁判理论研究丛书／张卫平主编)
ISBN 978-7-5615-5269-8

Ⅰ.①司… Ⅱ.①董… Ⅲ.①司法制度-研究-中国 Ⅳ.①D926

中国版本图书馆 CIP 数据核字(2014)第 242057 号

官方合作网络销售商:

责任编辑　甘世恒　邓　臻
封面设计　李夏凌
责任校对　李小青
责任印制　许克华

厦门大学出版社出版发行

(地址:厦门市软件园二期望海路 39 号　邮编:361008)
总编办电话:0592-2182177　传真:0592-2181406
营销中心电话:0592-2184458　传真:0592-2181365
网址:http://www.xmupress.com
邮箱:xmup@xmupress.com
厦门市明亮彩印有限公司印刷
2015 年 6 月第 1 版　2015 年 6 月第 1 次印刷
开本:720×970　1/16　印张:10.5　插页:2
字数:162 千字　印数:1～1 000 册
定价:40.00 元
本书如有印装质量问题请直接寄承印厂调换